DEKIRU
06
MARKETING **Bible**

BtoB マーケティ

"打ち手

大全

広告運用で受注を勝ち取る
最強の戦略88

インプレス

B to B

マーケティング

"打 ち 手"

大 全

これまで私は100社以上のBtoB企業を対象に、ネット広告の運用を軸としたマーケティングの支援をしてきました。その経験の中で頻繁に感じたのが、「BtoBの特性を踏まえながら広告運用ができているケースが非常に少ない」ということです。

BtoB商材の広告なのに、クリエイティブが一般の（BtoCの）ユーザーまで反応してしまう内容になっている。Google、Facebook、Instagramといった広告の媒体特性を理解せず、セミナー申し込みや資料請求といったコンバージョンポイントの設計を間違えたまま配信を続けている。ご相談いただいた初期の段階でこうした事象を見つけては「もったいないなぁ」と感じ、その後に成果が何倍にもなる事例を数多く見てきました。

どのような物事にも、セオリーというものが存在します。スポーツでもビジネスでも、確立された手法や方法論を知ってから取り組むのと、何も学ばずに取り組むのでは、達成に向けたスピードが段違いになります。

私は高校時代、野球部の恩師から「努力は裏切る」という言葉を教えてもらいました。普通は「努力は裏切らない」だと思いますが、なぜ「努力は裏切る」なのでしょうか？ 真意を聞くと、その言葉には「間違った努力をしても成果は出ない。正しい努力を積み重ねていくことが大切だ」という意味が込められていました。

ビジネスの場面でも、達成したい目標に向けて努力をしているのに、一向に成果が出ないことがあるでしょう。特にBtoBのネット広告運用では、そのようなケースが多いと感じています。数あるマーケティング関連書籍の中から本書を手に取っていただいたみなさんには、ぜひ正しい努力を積み重ねてほしいのです。

本書には、ネット広告の基礎から応用までの知識に加え、私が知る限りのBtoBの特性を踏まえた広告運用のセオリーを詰め込みました。ぜひ最後まで読み進めていただければ幸いです。

2024年2月　二平 燎平

目 次

chapter 3

検索広告

顧客にならないノイズの 消去が出発点 ···151

B to B バナー事例集

本書はBtoB商材を扱う企業のマーケティング・宣伝担当者や、BtoB企業の支援を行う広告・販売代理店の方々に向け、「BtoBマーケティング」全般のノウハウを解説した書籍です。中でも、リード（見込み客）の獲得を効率的に行い、商談・受注につなげていくためのネット広告運用についてのノウハウを、多くのページを割いて手厚く紹介しています。

この事例集には、本書に見本やサンプルとして登場するバナー画像をフルカラーで掲載しました。いずれもGoogle / Facebook / Instagram / X（旧Twitter）などの媒体で、リードを獲得するための広告として配信することを想定しています。

各バナーはBtoB商材の代表的な「CVポイント」(P.67)で分類し、「顧客が持つ課題の認識段階」(P.127)のどの段階を狙ったものかも明記しました。本文中の解説とあわせて参考にしてください。

バナー事例: 問い合わせ・資料請求

キャッチコピーで
<u>誰の何を解決する</u>
<u>のか</u>を明確にする

顧客の認識段階 **Lv.4**　課題に対して異なる
製品カテゴリを想起する

ターゲットの<u>共通</u>
<u>言語や関心事項</u>を
キャッチコピーに

顧客の認識段階 **Lv.3**　課題を自力で
解決しようとしている

手軽さをアピール
して<u>行動の</u>
<u>ハードル</u>を下げる

顧客の認識段階 **Lv.1**　課題に気付いていない

実際の利用
イメージが伝わる
シーンを起用する

顧客の認識段階 Lv.5	課題に対して自社製品カテゴリの競合を想起する

実際の画面を
ハッキリ見える
サイズで配置する

顧客の認識段階 Lv.5	課題に対して自社製品カテゴリの競合を想起する

改善した数字を
盛り込む。有名
企業だとなお良い

顧客の認識段階 Lv.3	課題を自力で解決しようとしている

バナー事例: セミナー

誰向けの内容か、
開催日時などを
モレなく表記する

顧客の認識段階 **Lv.3** 課題を自力で解決しようとしている

登壇者に
権威性があるなら
登壇者を強調する

顧客の認識段階 **Lv.3** 課題を自力で解決しようとしている

テーマにニーズが
あるならテキスト
でハッキリと

顧客の認識段階 **Lv.3** 課題を自力で解決しようとしている

登壇者の権威性に
応じて掲載内容の
パターンを分ける

顧客の
認識段階
Lv.3　課題を自力で
解決しようとしている

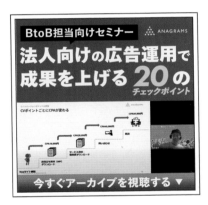

アーカイブ配信は
録画を組み込んで
動画形式にする

顧客の
認識段階
Lv.3　課題を自力で
解決しようとしている

登壇者の出版物を
添えることで
説得力を後押し

顧客の
認識段階
Lv.3　課題を自力で
解決しようとしている

バナー事例： ホワイトペーパー

引きの強い
タイトルを付けて
強調する

顧客の
認識段階
Lv.3

課題を自力で
解決しようとしている

複数スライドを
並べて掲載して
情報量をアピール

顧客の
認識段階
Lv.3

課題を自力で
解決しようとしている

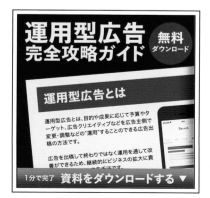

実際に読める
サイズで掲載して
チラ見せする

顧客の
認識段階
Lv.3

課題を自力で
解決しようとしている

情報の価値が
高いように感じる
フレーズを用いる

顧客の
認識段階
Lv.3

課題を自力で
解決しようとしている

リード獲得だが
ユーザーが得した
気持ちになる表現

顧客の
認識段階
Lv.3

課題を自力で
解決しようとしている

オーディエンスに
情報がもたらす
価値を明確にする

顧客の
認識段階
Lv.3

課題を自力で
解決しようとしている

見せ方のバリエーション

写真中心な
通常投稿を逆手に
文字のみで構成

顧客の
認識段階
Lv.2 課題に気付いているが、
何もしない

縦書きにする
ことで違和感が
生じて目を引く

顧客の
認識段階
Lv.4 課題に対して異なる
製品カテゴリを想起する

ネコやイヌなど
動物を起用すると
つい見てしまう

顧客の
認識段階
Lv.4 課題に対して異なる
製品カテゴリを想起する

Chapter

1

前提と方針

B to B マーケティングの勘所を押さえる

1

リード獲得の主戦場は
ネット広告だ!

コロナ禍以降、従来のBtoBマーケティングが機能不全に

> コロナ禍により、BtoBマーケティングにおけるネット広告の需要は大きく高まりました。実際に効果を感じている方も多いのではないでしょうか。BtoBにおけるネット広告が重要である3つの理由を紹介します。

広告市場全体を牽引し続けるネット広告

2023年3月に電通より発表された「2022年 日本の広告費」(※1)によると、ネット広告費は3兆912億円（前年比114.3%）にまで成長し、マスコミ四媒体広告費の2兆3,985億円（前年比97.7%）を大きく上回りました。ネット広告が広告市場全体を牽引する役割を担っていることは、もはや疑いようがないでしょう。

ネット広告はテレビCMや雑誌広告と違い、広告の配信から成果の計測までがWeb上で完結するため、効果を可視化しやすいという特徴があります。コロナ禍にあった2022年、市場環境が安定せず、費用対効果がいっそう求められる状況であったからこそ、ネット広告には右肩上がりで費用が投下されていたと想定できます。

こうした広告費の流れは、BtoCだけでなくBtoBの商材でも同様に起きていました。リモートワークの推進によってテレアポをしたくてもオフィスに人がいない、"密"を避けるために展示会も開催できない……。従来のBtoBマーケティングの施策が困難になる中、ネット広告の重要性は、むしろ高まっていったのです。

※1　2022年 日本の広告費
https://www.dentsu.co.jp/
knowledge/ad_cost/2022/

※2　株式会社IDEATECH「リサピー」調査資料
https://ideatech.jp/service/research-pr

BtoB企業の半数近くが広告によるリード獲得効果を実感

　ネット広告をただ利用しているだけでなく、効果を実感している BtoB企業も数多くあった、というデータもあります。2023年5月に 株式会社IDEATECHが発表した調査資料〈※2〉によると、2022年度下 期において、リード〈※3〉の獲得のために成果が出たチャネル〈※4〉とし て「広告」を挙げたBtoB企業は、実に46.0%に上っています。これ は「SEO」「ウェブセミナー」「SNS」といったほかのチャネルを抑え、 トップの割合です〔図表1-1〕。

　2022年度下期（2022年10月〜2023年3月）といえば、マスクの着用が屋 内・屋外を問わず個人の判断に委ねられるようになり、オフィスへ の回帰が進み始めた時期に当たります。コロナ禍が収束に向かう中 でも、ネット広告はBtoBマーケティングにおいて効果の高い施策で あるという認識が根付いており、これを攻略することが競合他社に 差をつけるための最優先事項であるといえます。

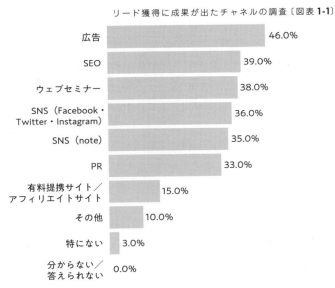

リード獲得に成果が出たチャネルの調査〔図表1-1〕

チャネル	割合
広告	46.0%
SEO	39.0%
ウェブセミナー	38.0%
SNS（Facebook・Twitter・Instagram）	36.0%
SNS（note）	35.0%
PR	33.0%
有料提携サイト／アフィリエイトサイト	15.0%
その他	10.0%
特にない	3.0%
分からない／答えられない	0.0%

株式会社IDEATECH
リード獲得目標達成企業の「2022年度下期リード獲得」に関する実態調査（n＝100）

※3　リード
見込み客のこと。英単語の「lead」には「先 導する」「案内する」のほか「きっかけ」「手が かり」といった意味もあり、それに由来する。

※4　チャネル
集客するための媒体や経路のこと。Web 上のチャネルとしては、ネット広告のほ か自然検索やSNSが代表例。

BtoBのネット広告が重要である3つの理由

　ここまで、2022年から2023年にかけての市況を背景に、BtoBマーケティングにおけるネット広告が、いかに大きな存在感を持っているかを説明しました。筆者は、その理由は次の3点に集約できると考えています。

- ターゲティング精度が高い

- PDCAを回しやすい

- 少額から始められる

　1つ目の理由は「ターゲティング精度が高い」です。BtoC商材と比べて、BtoB商材は対象となる顧客が少なくなります。そのため、自社の製品・サービスにあったユーザーに対してピンポイントにターゲティングしないと、施策の効果が出しづらい側面があるのですが、ネット広告であれば、それが可能です。

　例えば、みなさんの企業で扱っている商材がCRM [※5] ツールであるとしましょう。ネット広告の一種である検索広告 (検索連動型広告) を活用すれば、「CRM 導入」「CRM おすすめ」といったキーワードでGoogle検索をしたユーザーに広告を表示できます。今まさにCRMツールを探している人、つまり「顕在層」[※6] に対して精度高くアプローチできるため、成果が出やすくなります。

　2つ目の理由は「PDCAを回しやすい」です。BtoBマーケティングにおいては、業界の専門誌 (紙媒体) に広告を出稿するという施策もポピュラーですが、効果が悪いからといって、内容をすぐに変更することは難しいでしょう。テレビCMであれば、制作に1年近くかけてやっとの思いで放送まで漕ぎ着けたのに、期待したほどの反応が得られなかった……ということもあるかもしれません。

　一方、ネット広告はクリエイティブ [※7] とLP [※8] さえ準備すれば、すぐに配信が可能です。また、広告媒体の管理画面上でリアルタイムに成果が分かり、期待通りでなければすぐにクリエイティブやターゲティングを変更できます。スピーディーに改善を重ねること

※5　CRM
「Customer Relationship Management」の略。顧客の情報や取引履歴などを一元管理することを指し、そのためのシステムをCRMツールと呼ぶ。

※6　顕在層
自分が欲しい製品やブランドを認知しており、興味関心を持って複数の製品・ブランドを比較検討しているユーザーのこと。

で、自ずと成果につながっていきます。

　3つ目の理由は「少額から始められる」です。テレビCMを出稿するには数千万円から億単位の費用がかかりますが、ネット広告であれば1日あたり数千円から配信が可能です。PDCAも回しやすいため、成果が出なくても金額的な被害を最小限に抑えつつ、別のクリエイティブやターゲティングを気軽に試すことができます。

正しいやり方を理解すれば高い再現性でリードを獲得できる

　ここまでで解説した通り、近年のBtoBマーケティングにおいて、ネット広告は最も成果を出しやすい施策であるといえます。

　とはいえ、当然のことではありますが、BtoBマーケティングはリードを獲得して終わりではありません。リードを営業担当者にパスして商談につなげ、受注を実現し、カスタマーサクセスに尽力して顧客との良好な関係を構築できなければ、本当の意味での「成果」とはいえないでしょう。ネット広告でいくら安価にリードを獲得できても、その後の商談や受注のビジネスフローにつながっていかなければ意味がないのです。

　そして、より商談や受注、ひいては継続利用につながるようなリードを獲得するには、BtoBというビジネス特性を考慮したクリエイティブやLP、ターゲティングのノウハウを理解したうえで、広告を運用していく必要があります。そのための具体的な"打ち手"を、本書を通じて伝えられればと思います。(二平)

> **まとめ**
>
> ネット広告は、ターゲティング精度が高い、PDCAを回しやすい、少額から始められるという理由から、BtoBマーケティングにおいても成果を出しやすく、重要な施策です。

※7　クリエイティブ
広告やLPを制作するための素材全般のこと。キャッチコピーや説明文などのテキスト、画像、動画などを指す。

※8　LP
ランディングページ（Landing Page）のこと。広告をクリックしたあとの遷移先となり、商材の購入や資料請求などを促すためのページを指す。

2

BtoBは「課題」から すべてが始まる

問題意識がないユーザーに認知させても意味がない

BtoBにおける購買意思決定プロセスは「問題の認識」から始まります。BtoC商材とは異なり、課題がなければ購入には至らないので、いかに課題を抱えている人にアプローチできるかが勝負になります。

BtoB商材の購買意思決定プロセスを理解する

BtoBにおける購買意思決定プロセスとしては、次ページに掲載した図の5段階で考えるのが妥当であると筆者は考えています〔図表2-1〕。この5段階は著名な書籍『マーケティング・マネジメント』〈※1〉で挙げられているもので、ご存じの方もいるかもしれません。

ここでポイントとなるのは、図中の「問題の認識」、つまり顧客が何らかの課題（問題）を認識するところからプロセスが始まるということです。CRMツールを例に流れを見ていきましょう。

ある企業の営業部門では、顧客情報をスタッフ個人のExcelで管理しており、情報共有が不十分でした。結果、クレームが頻発し、受注率も低下してきています。この状況にマネージャーが危機感を感じた段階が「問題の認識」に当てはまります。

その後、営業マネージャーは解決のためにWeb上でCRMについて検索するほか、展示会に行くなどの情報収集を始めます。この段階が「情報探索」に該当します。具体的なツールの資料を請求したり、社内で検討したりするフェーズが「代替品の評価」です。

※1
『コトラー＆ケラー＆チェルネフ マーケティング・マネジメント〔原書16版〕』
（2022年12月、丸善出版）フィリップ・コトラー、ケビン・レーン・ケラー、
アレクサンダー・チェルネフ 著／恩藏直人 監訳

その後、導入するツールを決定して活用が始まる「購入決定」から、カスタマーサポートに相当する「購入後の行動」へと進んでいく流れになります。BtoB商材においては、文房具のような安価なものを除き、ほとんどの企業がこのプロセスに沿って、企業内でツールやサービスを選定・導入するのではないでしょうか。

購買意思決定プロセス〔図表 2-1〕

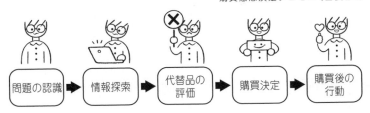

問題の認識 → 情報探索 → 代替品の評価 → 購買決定 → 購買後の行動

課題がなければ予算も取れず、社内承認も難しい

購買プロセスとしては、一般に「AISAS」[※2]もよく知られています。しかし、こちらはBtoCのマーケティングに向いた考え方であり、BtoBには適しません。なぜならBtoBの場合、課題を感じていないユーザーに対して「Attention」(注意・認知)をもたらしても、その後の「Search」(検索)や「Action」(購買)にはつながりにくいからです。

先ほどの例でいえば、社内に顧客管理についての問題意識がないのに、CRMツールの情報を認知したところで、検討が始まるはずがないでしょう。また、BtoB商材では予算を取ったあとに社内承認を進めることが多いですが、具体的な課題がなければ予算も取りにくく、説得も難しくなります。

さらに、詳しくは次節で解説しますが、BtoBではBtoCよりも対象となる顧客数、つまりターゲット数が限られます。そのため「課題を抱えている人をいかに集めるか?」といった視点で考え、施策を実行していくほうが成果につながりやすいといえるでしょう。

※2　AISAS
消費者が商品を認知してから購入に至るまでの消費行動を説明するモデルの1つ。
Attention (注意・認知) → Interest (興味) → Search (検索) → Action (購買)
→ Share (共有) の頭文字を取ったもの。

課題を抱えているユーザーにネット広告でアプローチする

BtoBマーケティングにおいては、課題を抱えているユーザーにピンポイントでアプローチするために、まず課題を理解することがすべての起点となります。そうすることで、解決に必要なコンテンツやアクションのアイデアが浮かびやすくなり、そのアイデアはセミナーやホワイトペーパー、営業の場面などで、顧客に提供する情報として活用できるようになっていきます。

そして、ユーザーの課題を理解したうえでネット広告を活用することで、購買プロセスの「問題の認識」と「情報探索」の段階にいるユーザーに対して、効率的なアプローチが可能になります〔図表2-2〕。

こちらも詳しくは後述しますが、「問題の認識」フェーズではまだ検索行動に至っていないので、SNS広告やディスプレイ広告が有効です。「情報探索」フェーズでは検索を行って情報収集しているため、検索広告が有効な手法になります。(二平)

ネット広告でアプローチできる範囲〔図表2-2〕

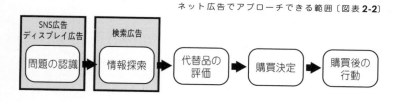

> 認知を広げるより、課題を抱えている人にアプローチするという考えがBtoBマーケティングでは重要です。具体的なアプローチ方法はChapter 3以降で解説します。

まとめ

3

BtoBならではの
ターゲティングを活用せよ

対象が限定されるからこそ広告媒体の機能が生きる

> BtoC商材に比べ、BtoB商材のターゲットは少なくなります。そのため、ターゲットに広告を確実に届けるためには、各広告媒体で利用できるBtoBターゲティング機能を活用する必要があります。

BtoC商材に比べてBtoB商材のターゲットは少ない

2023年12月に総務省統計局より発表された人口推計[※1]によると、日本に住む15〜64歳の人口は7,401万5,000人です。年齢や性別で区切ったり、趣味嗜好でセグメントしたりしても、BtoC商材であればある程度のボリュームは担保できるでしょう。

一方、BtoB商材ではどうでしょうか。2021年（令和3年）の経済センサス[※2]によれば、法人（会社企業）は約178万社とされています〔図表3-1〕。そこから、法人の中でも決裁権を持つ人や課題を抱えている人にアプローチするとなると、BtoC商材に比べてターゲットが少なくなることは容易に想像できるでしょう。

BtoBでは確定申告ソフトや会計ソフトなど、個人事業主をターゲットにした商材も多くあります。個人事業主は約161万人いるとされ、法人と個人事業主をあわせると約300万社以上になりますが、それでもBtoC商材より数が少ないことは変わりません。これらの対象となるユーザーを確実に狙うには、ネット広告の各媒体が備えるターゲティング機能を有効活用する必要があります。

※1　人口推計
https://www.stat.go.jp/data/
jinsui/pdf/202312.pdf

※2　令和3年の経済センサス - 活動調査
https://www.stat.go.jp/info/today/
pdf/195.pdf

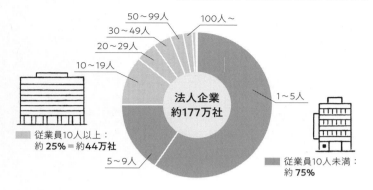

法人企業における従業員数の内訳〔図表 **3-1**〕

- 50〜99人
- 30〜49人
- 20〜29人
- 10〜19人
- 100人〜
- 1〜5人

法人企業
約177万社

■ 従業員10人以上：
約 **25%** ＝ 約 **44万社**

- 5〜9人

■ 従業員10人未満：
約 **75%**

Google広告やMeta広告のBtoBターゲティングを活用

Google広告やMeta広告（Facebook/Instagram広告）をはじめとしたネット広告の媒体では、近年の広告技術の進歩により、BtoB企業向けのターゲティングができる機能も増えてきました。

例えば、Googleのディスプレイ広告であるGDN〈※3〉やデマンドジェネレーションキャンペーン〈※4〉には、CRMやERP〈※5〉といった企業内で活用されるツールを探している人をターゲティングできる機能があります〔図表**3-2**〕。また、特定の業種・業態や従業員数に当てはまるユーザーをターゲティングすることも可能です〔図表**3-3**〕。

さらに、Meta広告やLinkedIn広告では、より詳細にBtoBターゲティングができる機能もあります。詳しくはChapter 4で解説しますが、BtoB商材を扱う場合でも、ネット広告であれば狙ったユーザーに対してピンポイントにターゲティングができ、成果を上げられる事例が数多くあります。

BtoC商材は対象が広いので、ターゲティングを指定しなくても、ある程度の成果が出ることもあるでしょう。しかし、BtoB商材では、ネット広告の各媒体が備えるBtoBターゲティングの機能を駆使することが、成果を出すための大前提となってくることを覚えておいてください。（二平）

※3 GDN
「Googleディスプレイネットワーク」の略。ディスプレイ広告とは、画像や動画、テキストを用いて、インターネット上に掲載する広告。

※4 デマンドジェネレーションキャンペーン
旧ファインド広告。YouTube、Google Discover、Gmailにおいて、サービスやブランドに関心意欲が高いユーザーに向けて配信できる広告。

調べている情報を条件としたターゲティング〔図表 **3-2**〕

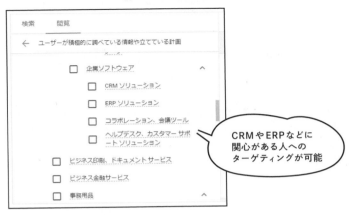

業種や従業員数を条件としたターゲティング〔図表 **3-3**〕

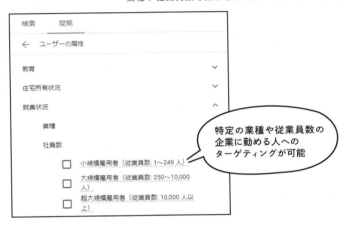

BtoB商材はBtoC商材に比べてターゲット数が少なくなります。これらの人々にアプローチするには、ネット広告のBtoB向けターゲティング機能をうまく活用しましょう。

※5 ERP
「Enterprise Resources Planning」の頭文字をとったもの。財務情報や人事情報など、企業内の経営資源を一元管理する手法や、それを実現するツールを指す。

4
ニッチな商材ほど オフライン施策が効く

業界特化×大企業はテレアポや展示会の優先度が上がる

> ネット広告の重要性と効果を述べてきましたが、すべての商材で有効な手法というわけではありません。業界に特化していて、ターゲット数が少ない場合は、オフライン施策のほうが有効なケースもあります。

あらゆるBtoB商材にネット広告が最適なわけではない

BtoBのネット広告は、ターゲティングを駆使することで成果が上がりやすいと前節で述べました。しかし、ネット広告は"魔法の杖"ではなく、あらゆるBtoB商材にとっての最適解ではありません。

BtoBマーケティングでは、ターゲット数によってオフライン施策とオンライン施策の優先度を変えることをおすすめします。一例として、以下の図をイメージしてください〔図表**4-1**〕。

業界×規模別のサービスの例〔図表**4-1**〕

※1　The Model型
マーケティング、インサイドセールス、営業、カスタマーサクセスに至るまで、各部門の情報を可視化・数値化し、効率化と事業成長を目指すフレームワーク。

業界×規模で分類するとマッチする施策が見えてくる

　前ページの図は、顧客となる企業の業界を縦軸、規模を横軸にとり、4象限に分けています。それぞれの象限には、SaaS分野を例とした代表的な商材を挙げました。

　縦軸の「ホリゾンタル」（水平）と「バーティカル」（垂直）は、BtoB商材の種類を表しています。SaaSの場合、ホリゾンタルは会計・人事など業界を横断して使われる汎用的なツールを、バーティカルは特定の業界に向けた専門的なツールを指します。業界に特化するほど対象顧客は狭くなるので、ホリゾンタルのほうがターゲット数は多く、バーティカルは少なくなります。

　横軸の「SMB」は「Small to Medium Business」の略で、いわゆる中小企業を指します。「エンタープライズ」は大企業です。企業数では中小企業のほうが圧倒的に多いため、エンタープライズを対象とした商材ではターゲットの母数が限られてきます。

対象顧客が多ければオンライン、少なければオフラインが向く

　みなさんが扱うBtoB商材が図中の右上・右下に入る場合は、ネット広告をはじめとしたオンライン施策との相性がよいです。SMB向けは母数が多く、一方で高単価になりにくいため、広告でリード数をある程度獲得してから、インサイドセールスなどで商談を生み出す「The Model型」[※1]の体制がマッチしやすいといえます。左上の象限も商材によりますが、同様のケースが多いでしょう。

　一方、左下の象限に分類できる場合は、対象をリストアップしてこちらから仕掛けていくオフライン施策のほうがマッチします。例えば、図中で挙げた「Aisea」は海事産業のDXを行うサービスで、海運系の事業を行っている企業は日本でも多くありません。

　こうしたニッチな商材、かつターゲット数が少ない場合は、対象となる企業をリストアップしたうえで、テレアポやDM、展示会などのイベントに出展してリードを獲得し、会食や商談などの営業活動につなげていくほうが成果が出るのも早いはずです。

※2　MA
マーケティングオートメーションの略。顧客の情報を一元管理し、マーケティング活動を自動化するツール。

※3　SFA
Sales Force Automation の略。営業のプロセスや進捗状況を管理し、営業活動の支援を行うツール。

業界特化×大企業ではネット広告を補助的に使う

近年では、IPアドレスやMA（※2）、CRM、SFA（※3）を活用し、特定の企業にネット広告でアプローチできる技術も発達してきました。これらの技術を活用することで、広告でもアカウントベースドマーケティング（※4）に取り組みやすくなっています。

しかし、ネット広告の最大のメリットは、ある程度のターゲティング精度を保ちながら、幅広い顧客にアプローチできる点にあります。具体的な企業だけをピンポイントに狙いすぎると、そのメリットを生かすことができず、うまくいかない可能性が高まります。そのため、筆者は前掲図のバーティカル×エンタープライズに該当する商材を扱う企業には、リアルな営業活動と組み合わせて広告を配信する手法をおすすめしています。

また、バーティカル×エンタープライズ企業では、自社サイトを訪れた人にネット広告でリターゲティング（※5）をしたり、セミナーを開催するときにMeta広告で集客したりなど、広告を補助的に活用することも有効です。筆者が勤務するアナグラム株式会社でも、バーティカル×エンタープライズ企業を支援する際、広告はこうした補助的な使い方を推奨しています。

さらに、事業の初期はホリゾンタル×SMBで実施していき、事業の中期〜後期からより業界を特化させ、エンタープライズ向けにも攻めていくといった動きをするBtoB企業も増えてきました。ターゲットとする顧客だけでなく、事業のフェーズごとに施策の優先度が変わることも意識しながら取り組んでください。（二平）

まとめ

バーティカルかつエンタープライズがターゲットの場合はオフライン施策を重点的に行い、それ以外はオンライン施策の優先順位を上げて取り組みましょう。

※4　アカウントベースドマーケティング
具体的な企業（アカウント）をターゲットとして設定し、その企業に合ったアプローチを行っていくこと。ABM（Account Based Marketing）と略される。

※5　リターゲティング
過去に自社サイトを訪問したユーザーに対して広告を配信する手法のこと。追従型広告とも呼ばれる。

5

リードのフォローを
仕組み化せよ

検討中のリードを放置すれば他社に奪われてしまう

> BtoB商材は高額になりやすく、かつ複数人で意思決定を行うため、購入までに時間がかかります。そのため、獲得したリードに対するフォローを行わなければ、競合他社に流れてしまう可能性が高まります。

導入に時間がかかるからこそフォローが大事

　BtoB商材はBtoC商材と比べて、選定・導入に時間がかかります。理由は複数ありますが、顕著なのは以下の2点でしょう。

- 商材が複雑かつ高額になりやすく、リプレースが難しい
- 意思決定が複数の部門や人々をまたいで行われる

　BtoB商材の検討期間は少なくとも数カ月はかかり、1年以上かかることも珍しくありません。この期間中、リードは当然ながら他社製品も検討のテーブルに載せているはずで、何らかのフォローをしなければ他社に奪われる可能性が高いことを考慮すべきです。

　例として、ERPツールを社内に導入する場合を考えてみましょう。ERPツールは会計や販売管理、人事労務などのバックオフィス領域を一元管理して業務を効率化するためのものですが、自社にフィットしたツールを正しく判断するには、関連分野の業務知識とシステムの理解が求められます。

ERPツールでは外部顧問への依頼も検討長期化の要因に

　前述のような複雑さから、ERPツールの選定・導入にあたっては、外部のコンサルティング会社に支援を依頼するケースが一般的となっており、この段階で多くの時間が費やされます。また、導入にはライセンス数に応じて数百万円ほどの費用がかかるうえ、企業によっては独自の業務フローに応じた機能追加などが必要で、こうしたカスタマイズにも時間とコストがかかります。

　さらに、万が一導入に失敗してしまった場合、再び時間とコストをかけて別のERPツールを選定・導入するのは大きな負担になります。気軽にリプレースすることはできないため、選定・導入には慎重にならざるを得ないでしょう。

　加えて、ERPツールを導入するような大きな企業であれば、意思決定をするまでに複数の関連部門を説得し、最終の意思決定に持っていく必要があります。会計、販売管理、人事労務といった部門と連携し、稟議を通していく過程でも時間を要することになります。

商談化できたとしても長期的なフォローが必須

　BtoB商材の検討が長期間となるのは、顧客の立場を考えれば当然のことです。よって、私たちが考えるべきなのは「その検討をどのようにフォローすべきか？」という点に尽きます。

　BtoBマーケティング分野で評価の高いアメリカの調査会社であるシリウスディシジョンズ[※1]の資料[※2]によると、BtoB企業が獲得した見込み客のうち、75%はすぐには検討に至らないとされます〔図表5-1〕。筆者の経験では資料請求リードのうち、すぐに商談になるケースは約3割ほどなので、肌感覚としてもあっている数値です。

　また、同資料では営業フォローをやめた見込み客のうち、80%が他社で購入しているという結果が出ています。検討期間が長いBtoB商材において、いったん獲得したリードを放置してしまうと、他社の類似製品に流れてしまう可能性が高いということです。

　ネット広告などを活用して順調にリードを獲得できたとしても、7割以上がすぐには商談に至らないことを前提に、リードをフォロー

※1　シリウスディシジョンズ
2001年にアメリカで創業した調査会社。BtoBマーケティングにおいて
見込み客の獲得から受注までの流れを構造化した「Demand Waterfall」
を提唱した。2018年にForrester社に買収された。

できる営業体制を整えることが重要です。そもそも商談化できたとしても、その後の意思決定に時間がかかることも見越して、長期的にフォローしていく仕組みを構築することが、BtoBマーケティングにおいては重要になります。

　具体的な仕組みとしては、定期的にメルマガやセミナーで情報を発信し、MAのスコアリング機能を用いて適切なタイミングをキャッチできるようにしたり、失注しても次回の検討タイミングをCRMに記載しておき、営業担当者にアラートを鳴らして再度アプローチしたりという手法が考えられます。詳しくはChapter 2で紹介していきます。（二平）

シリウスディシジョンズの調査〔図表 5-1〕

獲得した見込み客のうち
直近で検討にならない割合

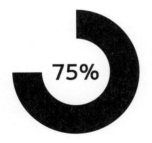

75%

営業フォローを止めた見込み客のうち
2年以内に競合から製品を購入する割合

80%

> **まとめ**
> BtoB商材は複雑かつ高額になりやすいため、顧客は導入に慎重になります。また、複数人で意思決定するため時間もかかりやすく、長期的なフォローが重要です。

※2　Forrester社の参考記事（英語）
https://www.forrester.com/blogs/pinterest-recipe-how-marketers-share-recipes-for-success/

6

育成よりもタイミングの
キャッチが鍵

誰も「ナーチャリングされたい」とは思っていない

BtoBでは「ナーチャリング」という考え方も一般的
ですが、顧客によって商談・受注までの流れや早さは
異なります。自社で顧客を育てるのではなく、顧客の
「欲しい」タイミングを逃さないことが重要です。

顧客によって検討が進むタイミングは異なる

前節では、リードの長期的なフォローを仕組み化することが重要
だと述べました。BtoBマーケティングにおいては「ナーチャリング」
(※1) という言葉をよく耳にしますが、このリードを「育成する」考え
方も、長期的なフォローの一環ではあります。

しかし、筆者はナーチャリングという考え方をおすすめしていま
せん。こちらから働きかけてナーチャリングするよりも、顧客それぞ
れの「タイミングをキャッチする」ほうが正しい考え方だと思うから
です。顧客は誰もナーチャリングなどされたくはなく、自ら情報を
収集し、自分のタイミングで検討を進めたいはずです。

ナーチャリングを前提にすると、こちらから情報を提供するにつ
れて商談→受注と進んでいくイメージになりますが〔図表6-1〕、現実は
違います。資料請求後しばらくは反応に乏しく、数カ月後に問い合
わせがあってから商談→受注とトントン拍子に進む場合もあれば、
資料請求から商談までは早かったものの、1カ月ほど空いて受注が決
まる場合もあるでしょう〔図表6-2〕。

※1　ナーチャリング
顧客の育成のこと。見込み客（リード）に対する
ナーチャリングをリードナーチャリングという。

BtoBにおけるナーチャリングのイメージ

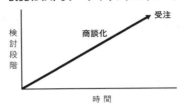

実際の商談→受注イメージ〔図表 **6-2**〕

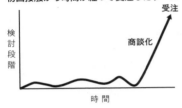

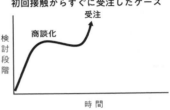

自社からの働きかけだけで顧客を操作するのは不可能

　BtoC商材であれば、ナーチャリングに相当するコミュニケーションを自社から図ることで消費者の意思決定を促進し、購入のタイミングを早められるかもしれません。しかし、BtoBでは次の3つの特性により、検討が進むタイミングがつかみにくく、こちらからの働きかけだけでコントロールすることは難しいでしょう。

・複数人で意思決定を行う

・担当者や部署によって状況が変化する

・期末の予算消化などで急を要する場合がある

　よって、顧客が何らかのアクションを起こしたいとき、まず「自社に問い合わせをしてもらえる」状況を作ることが重要です。

真っ先に問い合わせしてもらえる信頼関係を築こう

　顧客のタイミングで自社に問い合わせをしてもらうには、資料請求などがあった検討の初期段階から接点を持ち、さらにMAを活用するなどして、検討が進みそうなタイミングが分かるような仕組みを構築していくことが鍵になります。

　そのためには、顧客が検討を進めるうえで求めるであろうコンテンツが、自社のWebサイトなどに豊富に用意されていることも必要です。そのようなコンテンツが充実していれば、閲覧されたことをMAで検知して検討タイミングの把握に役立てたり (P.114)、新たなリードの創出に活用したりできるようになります。

　また、質の高いコンテンツは顧客との信頼関係を築くきっかけにもなります。顧客のタイミングをコントロールするためにナーチャリングするのではなく、コンテンツを通じて顧客との信頼関係を構築し、顧客が「困った」と感じたタイミングで声をかけてもらい、それをキャッチしていきましょう。(二平)

質の高いコンテンツを提供し続けて、検討タイミングで第一想起をしてもらうことがポイントだよ！

> **まとめ**
>
> BtoBでは信頼が受注につながります。MAを活用したり、コンテンツを充実させたりなど、顧客のタイミングをキャッチできる仕組みを構築し、選ばれる存在になりましょう。

7

BtoB特有の
DMUを理解せよ

意思決定者の集団にあわせた情報発信を心掛ける

DMUとは、製品・サービスを利用する「ユーザー」や課題を提案する「起案者」など、購入の意思決定に関わる人々の集団を指します。それぞれの立場や考え方を理解することは、広告の表現を磨くうえで重要です。

DMUの立場によってアプローチ方法を変えるべき

DMU (Decision Making Unit) とは、購入の意思決定者や意思決定関与者の集団を指します。集団の中には、実際に現場で製品・サービスを使用する人や決裁権を持つ人、助言をする人などが含まれ、それぞれの立場によって検討時に気にするポイントが異なっています。

BtoCの場合、クルマや住宅といった高額な商材で家族がDMUとなりますが、それ以外では意思決定に関わる人は通常ひとりです。しかし、BtoBではほとんどの商材でDMUが形成されます。

BtoBマーケティングにおいては、DMUがどのような集団で成り立っているのかを理解し、その人々の立場にあわせた施策を行うことが重要になります。筆者の経験に基づくと、典型的なDMUは以下の6種類に分類できるので、順に見ていきましょう。

- ユーザー
- 起案者
- 購入者
- 決定者
- インフルエンサー
- チェッカー

ユーザー

実際に製品・サービスを使う人々です。例えば、勤怠管理システムを導入する場合、起案者は人事・労務部門の担当者となりますが、実際のユーザーは全社員になります。このように、BtoB商材はユーザーと起案者が分かれるケースが多くあります。

起案者

社内の課題に気付き、その課題を解決する提案を行う人々です。当てはまる人物としては、部門長や経営企画の担当者などが該当するでしょう。例えば、社内にSFAツールを導入する場合、営業部門の部門長や営業企画の担当者が、業務効率を上げるために起案するイメージです。この起案者が中心となり、導入を進めていきます。

購入者

製品・サービスを実際に購入する人々を指し、具体的には総務部の備品購入担当者などが該当します。あるいは、建設業での資材購入担当者など、自社がサービスを提供するために必要な材料や備品を仕入れる人も当てはまるでしょう。社内の購入業務を横断的に担当することも多く、コスト面をシビアに見ています。

決定者

部門長や経営者など、意思決定を行う人です。BtoB商材においては、現場の起案者やユーザーが導入を希望しても、この決定者が納得しない限りは難しいでしょう。

インフルエンサー

起案者や意思決定に対して助言をする有識者を指します。例えば、社内にシステムを導入する場合、ITに詳しい社員やシステム導入のコンサルタント、経営陣の知り合いのシステム会社の経営者というように、インフルエンサーは社内外に存在します。

BtoB商材の導入に当たっては、こうしたインフルエンサーに意見を聞くケースが多くなります。日頃からコミュニケーションがとれていると、よい提案をしてもらえるでしょう。

チェッカー

検討している製品・サービスについて、その費用が自社の予算から逸脱していないか、機能や仕様が条件を満たしているかを確認する役割の人々です。熟練の現場担当者や業務に精通している人が、このチェッカーに当てられることが多いでしょう。

広告はターゲットを絞って的確にアピールする

DMUの中でも、決定者は費用対効果を気にします。インフルエンサーは紹介や助言をするうえで、導入実績や独自の強みを知りたがるでしょう。

このように、DMUの中でも登場人物によって気にするポイントは異なります。そのため、立場ごとに情報は出し分けていきましょう。例えば、Meta広告で勤怠管理システムについて出稿するとき、決定者に向けたコピーは「管理工数が50％改善」が有効です。一方、インフルエンサーには「導入事例500社以上」というように、どの立場の人に訴求したいのかを意識しながら、何パターンか作成することを心掛けてください。(二平)

> **まとめ**
>
> BtoB商材の選定・導入では、登場人物の一人ひとりが違ったポイントで意思決定をします。その誰に向けてメッセージを伝えるのかを、広告などで表現していきましょう。

8

顧客の意思決定は論理的ではない

ビジネスであっても感情的な要因は軽視できない

> BtoB商材の顧客は、製品・サービスの機能などを冷静に見て、論理的な要因のみに基づいて選定・導入に当たると思いがちですが、実際には感情的な要因にも大きく左右されます。中でも重要なのが信頼感です。

「信頼できる」という印象が受注につながる

　BtoB商材の顧客は、当然ながら企業（法人）です。BtoCのように個人ではないのだから、購入の意思決定は論理的、つまりロジカルな要因のみで行われるだろう……と思うかもしれませんが、実際はそうとは限りません。感情的な要因も多分に含んだうえで、意思決定が行われることを考慮すべきです。

　HubSpot Japan株式会社が毎年実施している「日本の営業に関する意識・実態調査2023」(※1)によれば、「ビジネスシーンにおいて、あなたはどのような印象を持つ会社のサービスや商品を購入したいと思いますか？」という質問に対し、「信頼できる」という回答が41.7%でトップとなっています。信頼、つまり感情的な要因が「製品の品質が高い」(30.5%)、「価格に見合う製品やサービスを提供している」(28.3%)という論理的な要因を上回っているのです。

　また、書籍『新版 BtoBマーケティング』(※2)では、購入への関与度が低い、かつ商材に対する理解度・評価能力が低い場合、感情的処理のほうが多くなると紹介されています。

※1　HubSpot Japan株式会社の調査資料
https://www.hubspot.jp/company-news/
stateofsales-20230215

※2
『新版 BtoBマーケティング：DX時代の成長シナリオ』
（2023年7月、東洋経済新報社）余田拓郎 著

ロジカルで判断し、感情で納得してもらう

　ビジネスシーンにおいては、製品・サービスの「導入数が多い」ことが「信頼できる」という認識につながることが多々あります。BtoB商材はリプレースや解約に手間もコストもかかるため、顧客は失敗できないという強いインセンティブを抱えており、そうした中で「導入数が多い」という実績に触れることで、「信頼できる」という認識が生まれるのではないかと思います。

　ほかにも「営業担当者の知識が豊富である」「会社として勢いを感じる」「さまざまなメディアで露出している」など、目に見える数値としては表れない企業としての振る舞いが、「信頼できる」という認識につながることもあるでしょう。

　とはいえ、何でも感情に訴えかければよい、というわけではありません。組織としての購入には違いないため、まず自社の選定基準を満たしている、といったロジカルな判断がベースにあり、そのうえで信頼できる実績がある・振る舞いをしている、といった部分が重要になるということです。

　BtoBといえど、相手は人です。人はロジカルなことばかり言っても動きません。しかし、感情だけでもダメです。ロジカルで判断し、感情で納得してもらうことを意識して、施策やメッセージに落とし込んでいきましょう。(二平)

まとめ

BtoBの意思決定は、選定基準に即しているかというロジカルな意思決定をベースに、信頼という感情的要因も重視されます。人を相手にしていることを忘れないでください。

9
信頼性の源泉は
コンテンツにあり

顧客の感情をつかみ、タイミングをキャッチする

> BtoB企業にとって、信頼感を得るために情報発信することは有効です。質の高いコンテンツは信頼性を高め、ひいては知名度の向上にもつながります。一方で、質の低いコンテンツは配信元の印象を悪くします。

ナレッジやスキルを発信しないのはもったいない

前節では、BtoB商材の購入の意思決定において「信頼できる」ことは重要な要素であり、その信頼は製品・サービス提供元の企業が持つ実績や振る舞いに基づいていることを説明しました。

つまり、顧客の信頼を得るには、まず実績を伝えるコンテンツが自社サイト内に充実している必要があります。また、企業としての振る舞いの部分では、特定の業界において有用なナレッジやスキルを、自社のスタッフがオウンドメディアやX (旧Twitter) で継続的に発信する方法などがあるでしょう。

情報発信の好例として、株式会社才流 (サイル) の「BtoBマーケティングテンプレート集」(※1) を挙げたいと思います。この資料は良質なコンテンツでありつつ、個人情報の入力が不要で拡散されやすいため、その結果、信頼の獲得に大きく貢献していると考えられます。

導入数をいきなり増やすことは難しいですが、メディアやSNSでの発信は、大きな費用をかけずに始めることが可能です。こうした小さな積み重ねが、顧客からの信頼を醸成していきます。

※1　BtoBマーケティングテンプレート集
https://sairu.co.jp/method/13492/

「とりあえず」の情報発信は悪印象につながりかねない

ただし、BtoBマーケティングにおけるコンテンツは質が重要です。とりあえずブログを書いたり、ホワイトペーパーを量産したりすればよいわけではありません。

例えば、ファストマーケティング株式会社による「ホワイトペーパーに関する実態調査」^(※2)では、「ホワイトペーパーの内容を見て、タイトルやメールの件名とのギャップにがっかりしたことはありますか?」という質問に対し、「よくある」「ときどきある」と回答した人は67.3%にも上りました。さらに、それによって約8割の人が配信元の印象が「悪くなった」と回答しています。

ホワイトペーパーに限らず、メディアやSNSでの発信において質の低いコンテンツを量産しても、よい印象を持ってもらうことは難しいでしょう。あくまで「質の高いコンテンツ」の充実が求められるという点に注意してください。

コンテンツはタイミングのキャッチにも有効

なお、コンテンツを充実させるメリットは、信頼の獲得だけではないことも覚えておいてください。すでに述べた「タイミングのキャッチ」にも役立ちます ^(P.44)。

例えば、CRMツールの比較表をダウンロードしたリードがいた場合、その人は検討の初期段階にいることが分かります。同様に、カタログをダウンロードした人は自社商材に興味がある段階、料金ページを見ている人は検討が進んでいる段階であると分かります。コンテンツによってリードの状況が把握できるため、正しいタイミングでのアプローチが可能です。(二平)

> **まとめ**
>
> 質の高いコンテンツは顧客や市場からの信頼性の向上につながります。また、そのようなコンテンツは顧客のタイミングのキャッチにも役立ちます。

※2　ホワイトペーパーに関する実態調査
https://fastmarketing-pro.com/btob-research-210602/

10

顧客解像度が
アイデアを左右する

BtoBこそ顧客と向き合うべきである理由と対策

顧客の理解を深め、顧客解像度を上げましょう。高い顧客解像度は上質なアイデアにつながります。具体的には、営業担当者などへのインタビューがおすすめです。どのような質問をすればよいかも紹介します。

顧客の理解はよいコンテンツやクリエイティブに不可欠

　顧客の情報の詳細度のことを「顧客解像度」と呼ぶことがあります。情報の具体例としては、業種や規模、直面している環境や課題、担当者や決裁権を持つ人の部署・役職などが挙げられ、それらを詳細に把握しているほど「顧客解像度が高い」といえます。

　そして、顧客解像度が高ければ高いほど、自社サイトのコンテンツや広告のクリエイティブを作成するうえで、効果的なアイデアが生まれやすくなります。つまり、よい施策を立案するには、まず顧客解像度を高めることが不可欠だということです。

　BtoB商材は、何らかの業務上の課題を解決するものがほとんどであり、例えばSaaSであれば、さまざまな業務に特化したサービスが存在します〔図表 10-1〕。しかし、私たちがその業務を理解していなければ、顧客との会話が成立するはずがありません。

　また、BtoB商材は顧客の窓口担当者やDMUが購入に関与するため、BtoCよりも登場人物が多くなります。業務だけでなく、人や組織まで理解できていなければ、顧客解像度は高まらないでしょう。

マーケティング領域	セールス領域	共通領域
・HubSpot	・Asana ・Sansan	・Microsoft 365 ・Slack ・Gmail ・Googleカレンダー

HR領域	ミドルオフィス領域	バックオフィス領域
・Indeed ・求人ボックス ・Wantedly	・Salesforce	・freee ・DocuSign

マーケティング担当者が起こすべき6つのアクション

　BtoBではBtoCのように、製品だけが独り歩きして勝手に売れることはまずないため、顧客と向き合うことがより重要です。マーケティング担当者や広告運用者が顧客解像度を高めるうえで、実行すべき代表的なアクションは次の6つにまとめられます。

- 特定の顧客へのインタビュー（N1インタビュー）
- 自社の営業同行や営業担当者へのインタビュー
- 自社の製品・サービスの利用
- 既存顧客へのアンケート
- レビューサイトに投稿されたクチコミの分析
- 業界や顧客に詳しい有識者へのインタビュー

　中でも、筆者は「自社の営業同行や営業担当者へのインタビュー」をおすすめします。営業同行をすることで顧客と直に会話する機会を持つことができ、営業担当者によるどのようなトークが顧客に響いているかも分かります。これは自社の製品・サービスをあらためて理解することにもつながり、一石二鳥です。

　ただ、営業部門の方針として同行が難しい場合もあると思います。その場合は社内で、営業担当者へのインタビューを行いましょう。効果的な質問を次ページに紹介します。

顧客理解に関する質問

①受注が多い企業の傾向や特徴（業種、規模、役職、部門）

②最終的な受注の決め手

③受注が難しい企業の傾向や特徴

④検討のきっかけとなった課題

⑤製品を探し始めたときのアクション

①②は製品が刺さっている顧客像を明確にする質問です。逆に③は受注が難しい顧客像を明らかにし、広告で集めるべきではないターゲットを見極めます。④⑤の質問により、顧客が抱えている課題やカスタマージャーニーを理解できるでしょう。

製品理解に関する質問

⑥顧客に刺さるセールストークや機能

⑦顧客が導入にあたって気にしている点

⑧比較検討される他社と、比較される点

⑨失注する代表的な理由

⑥は現状の勝ちパターンを理解し、広告やLPの改善案に生かすための質問です。⑦で導入を阻むことが多い障壁が分かるでしょう。競合他社を理解するには⑧、失注の理由は⑨の質問をしてください。

　以上の情報を営業担当者から聞くことで顧客解像度が高まり、ペルソナやカスタマージャーニーマップが作れるようになります。広告やLPで伝えるメッセージにも活用していきましょう。(二平)

> **ま**
> **と**
> **め**
>
> BtoBはターゲット企業の課題、組織、業務フローといった前提知識が重要になります。インタビューなどのリサーチを通して、顧客解像度を上げていきましょう。

11

ジャーニーを描いて顧客の視点に立て

起点となるコンペリングイベントに注目する

> 普段の業務でカスタマージャーニーを活用しています
> か？ 顧客を理解し、正しいアプローチを行うには、
> カスタマージャーニーが必須です。特に、問題の起点
> となるコンペリングイベントの把握が重要です。

購買意思決定プロセスの理解にはカスタマージャーニーが有効

マーケティング担当者や広告運用者は、時として自社の都合だけ
で施策を考えてしまうミスを犯しがちです。それを防ぐために、カ
スタマージャーニーを作成することをおすすめします。顧客が課題
を認識してから購入・利用するまでの一連の流れをまとめたもので、
BtoBではバイヤージャーニーと呼ぶこともあります。

カスタマージャーニーは購買意思決定プロセス (P.31) に基づいて作
成することで、顧客の視点を理解し、顧客の都合を意識したうえで
の施策立案を助けてくれます。このときに注意すべきポイントは次
の5点です。

- 起点となるコンペリングイベントの把握
- 初動の把握
- 比較検討するポイントの理解
- 決定時の最重要項目の理解
- DMUの理解

「起点となるコンペリングイベント」が特に重要

前述した5つのポイントは、購買意思決定プロセスの各フェーズを具体的に掘り下げる内容になっています〔図表11-1〕。例えば「起点となるコンペリングイベントの把握」は「問題の認識」、「初動の把握」は「情報探索」に該当します。

このうち、特に重要となるのが「起点となるコンペリングイベントの把握」です。コンペリングイベント(※1)とは、顧客が抱えている何かしらの差し迫った状況のことを指し、代表例として次のようなものが挙げられます。

- 保守契約が切れたため、契約の更新が必要
- 基幹システムが老朽化したため、新年度までに切り替えが必要
- インボイス制度に対応するため、請求書の電子化が必要

いずれも、特定の商材を検討し始める差し迫った状況だと分かると思います。BtoB商材はこのようなタイミング勝負になる一面もあり、課題を抱えた最初のきっかけを把握することで、そのタイミングにアプローチできる最適なアイデアが生まれやすくなります。

なお、コンペリングイベントは「顕在型」「ソリューション型」「自社都合型」の3つに分類できます。次ページで見ていきましょう。

購買意思決定プロセスからジャーニーを作成する〔図表 11-1〕

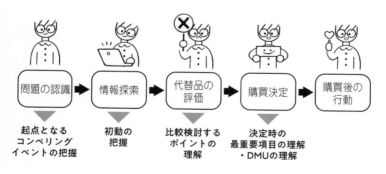

問題の認識	情報探索	代替品の評価	購買決定	購買後の行動
起点となるコンペリングイベントの把握	初動の把握	比較検討するポイントの理解	決定時の最重要項目の理解・DMUの理解	

※1　コンペリングイベント
「Compelling」は「強制的な」「従わざるを得ない」という意味。ビジネスにおける「従わざるを得ない出来事」がコンペリングイベントとなる。

顕在型コンペリングイベント

社内外で特定の事象や問題が起き、対処する必要がある状況を顕在型コンペリングイベントと呼びます。以下が具体例です。

- 法改正にあわせてシステムを変更したい
- Webサイトをリニューアルしたい
- 退職による欠員を補充するため、新規採用が必要

ソリューション型コンペリングイベント

顧客の課題に対し、自社から期限を決めて作り出したものをソリューション型コンペリングイベントと呼びます。例えば、自社で採用サービスを提供しており、「3年以内に売上を倍増させたい」という課題を顧客が抱えている場合、次のような提案ができるでしょう。

- 1年以内に営業職の人員数を1.5倍にする
- そのための採用活動を3カ月後から開始する
- 以上の実現には、今月中での採用支援の発注が必要

このように顧客の課題や目的に対して、自社の製品・サービスの発注期限を決めて提案を行うため、高度な知識や提案力が求められます。ハードルは高いですが、エンタープライズ商材の営業に携わる場合、こうしたスキルが求められることも多いでしょう。

自社都合型コンペリングイベント

自社、つまり製品・サービスの提供側が実施するキャンペーンなどによって、以下のようなコンペリングイベントを作り出せます。

- 今月中に発注してくれたら20%OFF

顧客の視点に立つことで、本当に求められているものが分かる

　コンペリングイベントについて詳しく見てきましたが、購買意思決定プロセスのうち、「問題の認識」「情報探索」のステップにあたるカスタマージャーニーを描くと、下表のようになります〔図表11-2〕。これはMAツールの販売企業が、広告運用に関するコンサルティングの導入を検討する流れを例としています。

　企業として目指す目標が高くなる一方で、社内の広告運用者が産休に入ってしまい、既存代理店には不満の声が上がっています。そのような課題をきっかけに、新規採用や現在のリソースでのインハウス化^(※2)を含めた検討に入る様子を表現しています。

　私たちがコンサルティングを提供する代理店であれば、例えば「問題の認識」段階において、広告運用者の採用や育成方法に関するホワイトペーパーを作成することで、このMA販売企業と同じような課題を抱えているリードを獲得できるかもしれません。

カスタマージャーニーの例（問題の認識・情報探索）〔図表 **11-2**〕

フェーズ	問題の認識	情報探索
課題	・目標の難易度が上がった ・社内の広告運用担当者が産休に ・既存代理店への不満が噴出	新規採用、インハウス化、新規代理店などの複数の選択肢があり、自社に最適なものを見極める必要がある
行動	・既存代理店への要求を強める ・情報収集を始める	・似た境遇の企業に聞く ・新規採用を進める ・既存代理店にインハウス化支援の相談 ・新規代理店を探す
情報ニーズ	・各媒体のBtoB向け機能の活用 ・CPAを抑えながら拡大する方法	・広告運用者の採用難易度 ・BtoB向けの広告運用方法 ・まだ取り組めていないノウハウ
情報ソース	検索、SNS、知人、情報誌	検索、SNS、知人、情報誌
ネクストステップ	・広告運用者の採用開始 ・採用と並行したインハウス化の検討 ・新規代理店の検討	新規採用、現在のリソースでインハウス化、新規代理店での代行のいずれかで方向性を決める

　MA販売企業が広告運用コンサルティングを導入する例を続けて、「比較検討」「購入」「利用」のステップのカスタマージャーニーを描くと、次ページの表のようになります〔図表11-3〕。「比較検討」の段階で、MA販売企業では社内で新しい広告運用者を選任しましたが、経験が浅いため正しい広告運用ができない状態です。

※2　インハウス化
業務を外注するのではなく、自社内でまかなうこと。近年ではネット広告運用などのマーケティング業務を、代理店ではなく自社内で実施することを指す場合が多い。

そのため、インハウス化の支援コンサルティングを提供している広告代理店を検討することになりました。このように比較検討を行っている状態の見込み客には、他社との比較表や選び方についてのコンテンツが有効です。

「購入」の段階でMA販売企業が気になるのは、インハウス支援としてどのようなサービスが提供され、どれくらいの費用対効果が期待できるのかになります。具体的な支援内容や費用対効果のシミュレーションをコンテンツとして提供しましょう。購入後の「利用」の段階では、利用促進が進むようなFAQやフォローアップコンテンツ、体制の準備が必要になります。

このように見込み客から顧客に変わるまでの流れを理解すれば、各フェーズごとに必要なアクションのイメージが湧きやすくなるのがカスタマージャーニーのメリットです。（二平）

カスタマージャーニーの例（比較検討・購入・利用）〔図表 11-3〕

フェーズ	比較検討	購入	利用
課題	広告運用者の選任	インハウス支援ができる企業の選定	・現状の不安点の洗い出し ・アドバイスの実行 ・ノウハウの蓄積
行動	・インハウス支援ができる企業を探す ・一時的な代行の依頼	提案を受け、稟議を通すための準備	・実行 ・課題の整理と質問のまとめ
情報ニーズ	費用、サービス内容、独自性、事例、自社アカウントが運用可能か	・費用やプラン ・開始してからのプラン ・うまくいかなかったときのプラン ・稟議の通し方	・運用ノウハウ ・クリエイティブ作成のノウハウ
情報ソース	企業のWebサイト、比較サイト、クチコミ、問い合わせ	代理店の営業や自分の上司	コンサルタント
ネクストステップ	・複数社での相見積もり ・稟議を通すための見積もりや費用対効果のまとめ	・発注の準備 ・開始後のプランを固める	

まとめ

顧客の視点でアイデアを練るために、カスタマージャーニーを活用しましょう。特に、問題を認識したタイミングであるコンペリングイベントの把握が重要です。

12

BtoBで鉄板の 3つの訴求

自社の強みを掛け合わせて広告表現に落とし込む

BtoBの広告では「〇円の利益が出る」「〇％のコスト削減につながる」といった具体的な数字を入れるようにしましょう。そのうえで、自社にしかないバリュープロポジションを見つけていく必要があります。

費用対効果を表す具体的な数値は積極的に入れるべき

BtoB商材の広告やLPにおいて、鉄板といわれる3つの訴求があります。コンテンツやクリエイティブを考えるときには、まず、次のいずれかの訴求に落とし込むことを意識してください〔図表**12-1**〕。

①売上が伸びる

②コストが下がる

③これがないと業務が回らない

企業は基本的に、利益の最大化を目的として活動しています。そのためのストレートな訴求が①②であり、「売上が20%アップ」「広告費を月100万円削減」といったメッセージにまとめるとよいでしょう。数値を入れることで、より説得力が増します。

③は、例えば「2025年4月の法改正によってシステム導入が必須に」といったメッセージに加え、「年間で1,000万円のコスト削減効果も」といった表現が考えられます。

売上が伸びる

コストが下がる

これがないと
業務が回らない

自社商材のバリュープロポジションを訴求に加える

　さらに、競合他社の製品・サービスとの違いを明確にするため、自社ならではの独自性も加えたうえで、3つの訴求ができるようにしましょう。そのためには、顧客が求めており、かつ自社にしか提供できない独自の価値である「バリュープロポジション」を見つけることが重要です〔図表**12-2**〕。

　自社商材のバリュープロポジションを決定するにあたっては、3C分析(※1)を徹底的に行うことが有効ですが、顧客解像度を上げるアプローチ（P.53）とあわせて実施すると、よりヒントをつかみやすくなるでしょう。

バリュープロポジション〔図表**12-2**〕

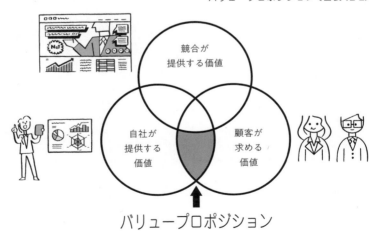

※1　3C分析
顧客（Customer）、競合（Competitor）、自社（Company）
の3つを軸とした分析手法で、マーケティングの環境分
析に利用される。

隠れた欲求も意識し、感情的な要因に訴えかける

BtoBにおける意思決定には、ロジカルだけでなく感情的な要因も存在すると述べました (P.48)。本節冒頭の3つの訴求は、いずれもロジカルな要因に基づいていますが、ここに感情的な訴求も加えると、さらに磨かれた表現に仕上げられます。

感情的な訴求の代表例としては、「出世したい」「失敗したくない」「他者よりも優れていると思われたい」といったものが挙げられます。ビジネスパーソンなら誰もが持っている隠れた欲求、とでもいえるでしょうか。こうした感情に刺さる訴求を、クリエイティブなどに取り入れていくのが効果的です。

また、感情的な訴求をコンテンツの企画に取り入れる方法もあります。例えば、BtoB商材はスイッチングコストが高いことを踏まえて、「CRM導入に失敗しないための5つの対策」といったタイトルで、リード獲得のためのホワイトペーパーやセミナーを作成・実施するなどのアイデアが考えられるでしょう。(二平)

> 個人的なものから
> 企業としての欲求まで、
> いろいろな感情に基づいて
> 購買プロセスは進んでいくよ

まとめ

BtoBでは自社の独自性を考慮しながら、「売上が伸びる」「コストが下がる」「これがないと業務が回らない」という3つの要素に落とし込んで訴求しましょう。

2

広告運用
の
準備

検討段階に適したCVポイントを備えよ

13

CVポイントの整理は成功への第一歩

異なる検討段階にいるリードの受け皿を用意する

ネット広告を運用しているが、何となくしか効果を実感できていない……とよく聞きます。解決策として、資料のダウンロードや無料セミナーなど、ユーザーの検討段階にあわせた受け皿を用意してください。

CVポイントを複数用意してWebサイトからの離脱を防ぐ

自社のBtoB商材を宣伝してリードを獲得するためにネット広告の運用を始めたものの、「問い合わせ数が増えない」「1件の問い合わせを獲得するための費用が高すぎる」と悩んでいる声をよく耳にします。そのような悩みを解決するため、最初に着手してほしいのが「コンバージョンポイント」の見直しです。

以降は「CVポイント」と略しますが、CVポイントとは、コンバージョン(※1)に至った行動や発生した場所・タイミングのことを指します。CVポイントを見直すことでリード数が増え、その結果、商談や受注が増える事例を筆者は数多く見てきました。

詳しくは次節で述べますが、BtoBにおける代表的なCVポイントには「資料請求」「セミナー」「問い合わせ」などが挙げられます。BtoB商材は検討期間が長くなりやすく、すぐに成約に至ることはまれです。そのため、Webサイトを閲覧したユーザーは、まず資料請求をしたり、セミナーに参加したりして商材のことをある程度知ってから、問い合わせを行うケースが多くなります。

※1　コンバージョン
資料請求、セミナーへの申し込み、問い合わせなど、Webサイトにおけるビジネス上の成果のこと。本来は「転換」の意味。よく「CV」と略される。

よって、仮にCVポイントとして問い合わせしか選択肢がない場合、情報収集をしている段階のユーザーは、Webサイトから離脱してしまうでしょう。こうした「受け皿がない」状態のWebサイトに広告で集客しても、費用対効果は悪くなる一方です。

　Webサイトに複数のCVポイントを用意することで、さまざまな検討段階にいるユーザーの受け皿ができ、階段を上るように商談まで進んでもらえる可能性が高まります〔図表13-1〕。ネット広告の本格的な運用、もしくは改善に取り組むときには、まずこの点を意識するようにしてください。

商談までの階段を上りやすく〔図表13-1〕

商談

無料
トライアル

サービス資料
DL

WHITE
PAPER
ホワイトペーパー
DL

Webサイト閲覧

CVポイントはリードのステータス管理にも役立つ

　Webサイト上のCVポイントを増やすことで、広告の成果が上がっていき、獲得できるリード数の増加が期待できます。しかし、メリットはそれだけではありません。複数のCVポイントは、リードのステータスを管理するうえでも有効に働きます。

例えば、CRMツールを提供している企業が、次のようなコンテンツをCVポイントとしてWebサイト上に設置していたとします。

①ホワイトペーパー「1分で分かるCRM」
②ホワイトペーパー「失敗しないCRMの選び方～比較表付き～」
③自社商材のサービス資料

　①はタイトルから分かるように、CRMの初心者に向けたコンテンツです。つまり、①をダウンロードした人は検討の初期段階にいる可能性が高いと考えられます。

　②は「選び方」「比較表」というタイトルから、①よりも踏み込んだ情報を欲しがっている、検討が進んだ段階にいる人だと予想できるでしょう。③は自社商材に興味を持っている段階で、商談につながりやすいリードだと判断できます。

　このように、CVポイント（コンテンツ）によっておおよその検討段階が分かるように整理することで、リードのステータス管理に活用できます。そして、リードのステータスを把握することで、その後のアクションへの応用が可能になります。

　例えば、①の人はまだ検討の初期段階なので、フォローは電話ではなくメールのほうが受け入れてもらいやすいでしょう。一方で③の人は自社商材に興味を持っているため、電話をかけて商談のアポイントを狙う行動が取りやすくなります。さらにMAと組み合わせれば、リードごとのスコアリングが厳密にできるようになり、優先順位が見えやすくなるでしょう。（二平）

まとめ

BtoBでは、リード数を増やすためにCVポイントを複数用意しましょう。CVポイントを増やすことでリードのステータス管理もでき、インサイドセールスの効率も上がります。

66

14

CVポイントの種類と特性を把握せよ

商談までのスピード×CPAを理解して使い分ける

自社サイトに複数のCVポイントを設置して、商談までのハードルを下げる必要があると述べました。検討の初期段階から受注につながりやすい終盤まで、代表的なCVポイントを7種類に分けて紹介します。

BtoB商材の主なCVポイントは7種類

BtoB向けの広告運用におけるCVポイントの重要性を理解したところで、本節ではCVポイントの種類と特性について述べていきます。まず、現代のBtoBマーケティングにおいて、代表的なCVポイントには以下の7種類があります。

- 問い合わせ、見積もり
- 無料トライアル
- デモンストレーション
- 診断コンテンツ

- サービス資料、料金表
- セミナー
- ホワイトペーパー

そして、CVポイントの特性を把握するには、「商談化までのスピード」と「CPA」の2軸に分けて整理するとよいでしょう。CPA[※1]は直訳としては「獲得単価」を表しますが、リードを獲得するための「ハードルの高さ」とも言い換えられます。次ページでそれぞれのCVポイントを説明し、特性について図示します。

※1 CPA
「Cost per Acquisition」の略で、コンバージョン単価のこと。獲得単価とも呼ばれる。コンバージョン1件にかかった広告費用を算出したもの。

問い合わせ、見積もり

大半の企業が設けているCVポイントで、商談や受注に最もつながりやすいといえます。しかし、検討段階の終盤に当たるためCVR[※2]が低くなり、CPAが高くなりがちです。

無料トライアル

製品・サービスを一定期間、無料で体験できるようにするCVポイントです。SaaSのうち、比較的単価の低いセルフサーブ[※3]型サービスでよく見られます。

デモンストレーション

こちらもSaaSで活用されることが多いCVポイントです。実際のサービスの操作方法やできることを、ビデオ会議ツールの画面共有などを使って説明します。

診断コンテンツ

Webサイト上で金額やコストメリットのシミュレーションができるCVポイントです。BtoCでもよく使われる手法ですが、BtoBで取り組んでいる企業は意外と少ないので、他社との差別化のために用意するのもよいでしょう。

サービス資料、料金表

いわゆる「資料請求」のCVポイントです。資料や料金表のダウンロードはオンラインで手続きが完了し、提供元の企業とのやりとりも発生しないため、問い合わせに比べて気軽にアクションをとれるので、CVRが高い傾向があります。一方で、とりあえずダウンロードする人も多く、検討の度合いは低いことから、商談化率は低くなります。

セミナー

テーマや開催形式（オンラインか対面か）にもよりますが、BtoB向けのセミナーは無料で参加できることも多いので、CVRは高くCPAは安くなる傾向にあります。

しかし、自社商材に興味がない人もセミナーに参加するので、商談や受注には時間がかかるケースも多いです。

※2 CVR
「Conversion Rate」の略で、コンバージョン率のこと。Webサイトを訪れたユーザーが、どれくらいコンバージョンできたかを表す。

※3 セルフサーブ
顧客自身が製品・サービスの導入について検討・判断する営業手法のこと。

ホワイトペーパー

お役立ち資料や事例集、用語集を指します。ほかのCVポイントに比べてユーザーのハードルが低く、CVRが高くなるため、最も低いCPAで獲得できる傾向があります。

ホワイトペーパーの内容にもよりますが、ニーズが顕在化していないユーザーと接点を持つことがメリットになるため、商談化や受注までの時間は長くなります。

問い合わせばかりを狙っていても頭打ちになる

ここまでに述べた7種類のCVポイントを、商談化までのスピードを横軸、ハードルの高さ（CPA）を縦軸にとってマッピングすると、以下の図のようになります〔図表**14-1**〕。CVポイントが左上から右下に進むほど獲得のハードルが高くなる一方で、商談化へのスピードが早まり、受注の増加が期待できます。

ただし、BtoB商材では問い合わせばかりを狙っていても、数が頭打ちになってしまいます。そのため、ホワイトペーパーやセミナーなども併用してリードを獲得することが重要になってきます。(二平)

商談化までのスピードとCPA〔図表**14-1**〕

ハードルが低い（CPAが安い）

ホワイト
ペーパー

診断
コンテンツ

セミナー

商談までの
スピードが遅い

無料
トライアル

商談までの
スピードが速い

サービス資料料金表

デモンストレーション

問い合わせ
見積もり

ハードルが高い（CPAが高い）

> **まとめ**
>
> CVポイントは問い合わせや資料請求だけでなく、自社の状況にあわせて「追加していく」発想が大事です。商談化までのスピードとCPAの2軸も意識してください。

2

広告運用の準備

69

15

ホワイトペーパーは
受注につながるのか？

内容と商材が連動していなければ商談化は遠い

> ホワイトペーパーを商談や受注につなげるには、自社
> 商材と連動したコンテンツにすることが大切です。た
> だし、いくら内容がよいものでも、その後の営業体制
> が不十分では商談や受注は難しいでしょう。

ホワイトペーパーからの受注率は通常1割程度

「苦労してホワイトペーパーを作成し、ダウンロードもされている
のに、商談や受注につながらない……」。そのような悩みを抱えてい
るBtoB企業は多いと思います。本当にホワイトペーパーが商談や受
注につながるのか？ と疑いたくなる気持ちも分かりますが、本節で
現状と正しいアクションを理解してください。

企業向けのサイト改善サービスを提供している株式会社WACUL
(ワカル)では、資料請求とホワイトペーパーに関する興味深い資料〈※1〉
を公開しています。「ホワイトペーパーをダウンロードしたリードの
うち、受注につながった割合は？」という質問に対して、「1割」とい
う回答が60%を占め、最多となっています〔図表15-1〕。

1割は少ないと思えるかもしれませんが、これがホワイトペーパー
からの受注率の現状といえるでしょう。ただ、筆者が過去に支援し
た企業では、1カ月の受注の半数近くをホワイトペーパーから生み出
したこともありました。ホワイトペーパーでとるべき正しいアクショ
ンについて、以降で見ていきましょう。

※1 WACULの調査資料
https://wacul.co.jp/lab/posts/b2b-cv-point-bestpractice

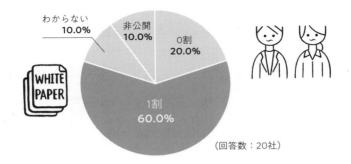

わからない
10.0%

非公開
10.0%

0割
20.0%

1割
60.0%

WHITE
PAPER

（回答数：20社）

ホワイトペーパーの内容と自社商材を連動させる

　ホワイトペーパーを商談や受注につなげ、売上にインパクトを与える施策にしていくために最も重要なのが、ホワイトペーパーのコンテンツと自社商材をうまく連動させることです。

　例として、マニュアル作成ツールを提供しているA社を思い浮かべてください。A社がホワイトペーパーを作成するとき、その企画や内容としてどのようなものが想定できるでしょうか？

　A社は検討を重ねたうえ、「マニュアル作成の教科書」というタイトルで、社内のマニュアル作成を効率化するためのノウハウを提供するホワイトペーパーを作成しました。業務の属人化解消や新人教育のためにマニュアルを作りたいが、よい方法が分からなくて困っている企業（リード）はたくさんいるはずです。

　このホワイトペーパーをダウンロードして読めば、マニュアルの作り方は確かに理解できます。しかし同時に、マニュアル作成は大変で、想像以上にリソースを取られる作業であることも伝わります。リードは「作り方は分かったけど、実行できるリソースがないし、何より面倒くさい」という気持ちになるはずです。

　そこで、ホワイトペーパーの後半には「弊社ツールの導入により作成工数が30％削減」「無料トライアルも可能」「テキストのマニュアルからの動画制作も承ります」「詳しくはこちらまでお問い合わせく

ださい」といった導線を張っておきます。このような流れをコンテンツに組み込むことで、商談や受注につながりやすいホワイトペーパーが完成します。

　逆に、提供している製品・サービスとの関連性が薄いホワイトペーパーでは、効果は期待できません。マニュアル作成ツールの例を続けると、A社が広告業界のリードを獲得しようとして「最新のWebマーケティング手法」といったホワイトペーパーを作成したとしても、商談化はあまり望めないでしょう〔図表**15-2**〕。

　しかし、例えば「【広告代理店向け】短期間で社員を戦力化する方法」といったものであれば、マニュアル作成ツールとの関連性が高まり、商談や受注につながるケースも出てくるはずです。ホワイトペーパーと製品を連動させるコツは、まさに企画次第です。王道といえるパターンは次節にて紹介します。

商談・受注につながりやすいホワイトペーパー〔図表 **15-2**〕

A：マニュアル作成の教科書

B：最新Webマーケトレンド5選

ホワイトペーパーの内容は自社商材と関連するものにする

よいコンテンツと営業体制の充実が受注につながる

　ここまでホワイトペーパーのコンテンツについて述べましたが、いかによいコンテンツであっても、その後の営業体制が充実していなければ、当然ながら商談や受注にはつながりません。

　ここでいう営業体制とは、MAによってホワイトペーパーをダウンロードしたリードのスコアリングができており、優先的にアプローチすべきリードが判別できる体制が整っているか、ということを意

味します。また、電話でのアプローチであれば、スコアに応じた
トークスクリプトが用意できているか、架電するまでのスピード感
は適切かといったことも、商談化に影響してきます。

　CVポイントの整理 (P.64) で述べたように、ホワイトペーパーの主
な役割はCPAを抑えてリードを獲得することと、リードのステータ
ス管理をすることの2点になります。CPAの目安は業界や商材によっ
て異なりますが、おおむね5,000円〜15,000円程度に収まることが
多く、資料請求や問い合わせと比べれば安価です。

　ホワイトペーパーによるステータス管理としては、「1分で分かる
CRM」と「失敗しないCRMの選び方 〜比較表付き〜」といった複数
を作成し、異なるスコアを割り当てる方法があります。前者は検討
初期のためスコアを低くし、後者は検討が進んでいるためスコアを
高くする、といった具合です。

　本節の冒頭で述べたホワイトペーパーから月の受注の半数を稼ぐ
企業は、これまでに述べたことを精度高く実施していました。自社
商材と連動したコンテンツに仕上げるとともに、MAを活用した営業
体制の充実を図ることで、ホワイトペーパーからの受注増を目指し
てください。(二平)

まとめ

ホワイトペーパーは、コンテンツと提供している商材を連
動させ、かつダウンロードしたユーザーに適切な営業活動
ができれば、商談につながる可能性が高くなります。

16
ホワイトペーパーの王道は3パターン

「調査結果」「事例集」「ノウハウ」を基本にする

ひと口にホワイトペーパーと言っても、初心者を対象にしたものや導入を検討している人に向けたものまでさまざまです。本節でホワイトペーパーの王道のパターンを学んで、制作に役立ててください。

3パターン＋7つの形式から企画やコンテンツを検討

　前節を踏まえて、ここではホワイトペーパーの企画やコンテンツを検討するうえで、多くの商材で使えるアイデアを紹介していきます。最初に全体をリストアップすると、次のようになります。

　王道として3パターンあり、「調査レポート」「事例集」「ノウハウ」に分かれます。このうちノウハウについては、さらに7つの形式が考えられるでしょう。以降でそれぞれを説明します。

- 調査レポート
- 事例集

- ノウハウ
  - 教科書
  - チェックリスト
  - セミナー資料
  - 課題解決
  - マンガ
  - 比較表
  - 入門書、用語集

調査レポート

マーケティングリサーチ関連のBtoB企業でよく活用される、アンケート調査などの結果をレポートにまとめてホワイトペーパーにしたものです。調査自体に工数や費用がかかりますが、独自のコンテンツとしてさまざまな用途で活用でき、次のようなメリットもあります。

- プレスリリースと組み合わせられる
- 営業資料への応用が効きやすい
- メディアに取り上げられる可能性がある
- 企画がうまくいけばCPAを下げやすい

事例集

自社商材を利用している顧客の事例をまとめ、ホワイトペーパー化しているものを指します。ダウンロードしたリードが自社商材への興味関心を高めたり、社内稟議を通すときの説得力を高めたりできるので、積極的に用意したいホワイトペーパーの1つです。

ノウハウ：教科書

特定ジャンルの情報を網羅したうえで、タイトルに「○○の教科書」などと銘打ったホワイトペーパーです。そのタイトルにふさわしいリッチな内容であるほどリードの満足度が上がり、さらには社内や知り合いの間でシェアされて、認知度が高くなるケースがあります。
作成にはかなりのリソースが必要となるコンテンツですが、一度はチャレンジしてみてもよいでしょう。

ノウハウ：チェックリスト

何かを開始するための項目や、状況を把握するための項目をチェックリストとしてまとめたものです。自社が提供している商材に関連するノウハウをチェックリスト化すればよいため、比較的作成しやすいのが特徴です。

凝ったデザインやレイアウトにする必要がなく、Excel で作成すれば手間がかからないのもポイントでしょう。

ノウハウ：セミナー資料

自社のセミナー向けに作成したコンテンツを再利用したホワイトペーパーです。セミナー開催後のレポートをホワイトペーパーとして提供するのもよいでしょう。

ノウハウ：課題解決

特定の課題や困りごとの解決策をホワイトペーパー化したものです。例えば「○○な営業組織の作り方」といったタイトルで、営業支援ツールのリード獲得を狙います。

ノウハウ：マンガ

課題解決などのホワイトペーパーで伝えたノウハウを、マンガとしてまとめたものです。BtoB 商材では難しい概念を理解してもらう機会も多いですが、マンガにすることで分かりやすく伝えられます。

また、筆者の経験上、マンガ形式のホワイトペーパーを広告で訴求すると、リード獲得の CPA が安くなることがありました。BtoB 商材×マンガは相性がよいと思われます。

ノウハウ：比較表

自社と同ジャンルの他社の商材を比較したもので、ツールなどを提供している企業であれば必ず作成したいホワイトペーパーです。比較表をダウンロードする人は自社商材に興味を持っていることが多く、次のステップに進みやすいため、その後の営業活動にも効果的です。

また、比較表と自社商材のサービス資料をセットで提供するのもおすすめです。最初は自社商材に興味がなかった人が、比較表を目的にダウンロードすることで、その後に興味を持ってくれる可能性があります。リードの裾野が広くなり、CPA が安くなることが期待できるでしょう。

ノウハウ：入門書、用語集

例えば「運用型広告完全攻略ガイド」といった、初心者向けの内容をまとめたホワイトペーパーです〔図表16-1〕。これらは情報収集の初期段階にいる人にアプローチできるため、CPAも安くなることが多いといえます。(二平)

入門書風のホワイトペーパーの広告 〔図表 **16-1**〕

入門書風のホワイトペーパーは情報収集の初期段階の人に向いている

運用型広告
完全攻略ガイド

無料
ダウンロード

運用型広告とは

運用型広告とは、目的や成果に応じて予算やターゲット、広告クリエイティブなどを広告主側で変更・調整などの"運用"することのできる広告出稿の方法です。

広告を出稿して終わりではなく運用を通して改善ができるため、継続的にビジネスの拡大に貢

1分で完了 **資料をダウンロードする** ▼

ホワイトペーパーにもいろいろな種類があるんだね。自社の得意分野を見つけてみよう！

> **まとめ**
> ホワイトペーパーは簡単に作成できるものから幅広い人を対象にしたものまで、さまざまな種類があります。自社商材と組み合わせられそうなものから作成してみましょう。

17

ホワイトペーパーの目的は二択で決める

リード獲得に振り切るか？ 商談化を促進するか？

> ホワイトペーパーの企画では、はじめに目的を考えてください。ポイントは、調査レポートやセミナー資料でリード獲得を狙っていくか、事例集や比較表といった商談につながりやすいものにするかです。

目的を決めれば作成すべき種類も絞られる

　ホワイトペーパーの役割や種類を把握できたら、次の3ステップに分けてホワイトペーパーの作成を進めていきます。

- 企画：目的やコンテンツの大枠の検討
- 制作：コンテンツをドキュメントやスライドに落とし込む
- パッケージ化：表紙のデザインやタイトルの決定

　「企画」の段階では、まずホワイトペーパーの目的を決めましょう。このときの選択肢は「リード獲得に振り切るのか？」「商談化を促進するのか？」の2つと考えてください。

　ホワイトペーパーの種類を商談化までのスピードとCPAの2軸でマッピングすると、次ページの図のようになります〔図表17-1〕。左上にある調査レポート、セミナー資料、課題解決、入門書、用語集はリード獲得、右下にある事例集や比較表は商談化の促進に向いているため、目的を決めれば、自ずと作成すべき種類も絞られてきます。

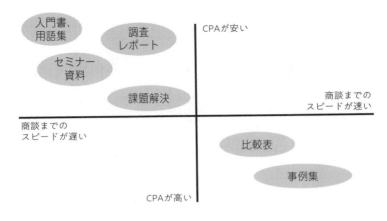

2

広告運用の準備

顧客解像度を高めることで良い企画が生まれる

　顧客解像度を上げるとよい施策のアイデアが生まれる (P.54) と述べましたが、ホワイトペーパーの企画でも同じことがいえます。特に次のポイントを意識してください。

- 顧客の困りごと
- 顧客の理想像
- 顧客がいる市場の話題やトレンド

　また、ホワイトペーパーを読み終えたときに、アクションを起こしたくなるような情報提供を心掛けてください。マニュアル制作ツールの例で挙げたように、ただノウハウを伝えるだけでなく、「そのノウハウは自社が提供するサービスを利用しないと実現できない」と思ってもらえるのが理想的です。(二平)

> **まとめ**
> ホワイトペーパーは企画、制作、パッケージ化の3つのステップで作ります。企画時はリード獲得と商談化のどちらに注力するかを決め、それに適した種類を選んでください。

18

ホワイトペーパーは
ゼロから作るな

制作時は既存コンテンツのリサイクルを念頭に

ホワイトペーパーの方向性が決まったら、制作を開始
していきます。ただし、真っ白な状態から作るのはお
すすめしません。営業向けの資料などを再利用して、
少ない工数で最大限の効果が出るようにしましょう。

営業担当者の提案資料などが参考になる

　ホワイトペーパー作成の2ステップ目に当たる「制作」でのポイン
トを見ていきましょう。ホワイトペーパーのコンテンツはいきなりゼ
ロから作成するのではなく、「社内の別資料から再利用できないだろ
うか?」という発想で着手することをおすすめします。

　この点を含め、制作時のポイントは次ページの4つにまとめられま
す。参考にしながら効率的に制作を進めてください。

ホワイトペーパーを
作るのって大変だよね。
再利用できるコンテンツは
どんどん使うのがいいかも。

既存のコンテンツをリサイクルする

営業担当者の提案資料、オウンドメディアの記事など、すでに存在するコンテンツをホワイトペーパーに活用しましょう。工数を減らすメリットのほか、営業の提案資料は課題の特定から解決策までをひと通り記載していることが多く、課題解決のホワイトペーパーに転用できます。

社内でインタビューを行う

ノウハウを持っている人や経営者にインタビューを行い、その内容をホワイトペーパーにするのもよいでしょう。

顧客へのアンケートを実施する

顧客数が多い企業の場合、アンケートを実施することで調査資料のホワイトペーパーが作れます。このとき、顧客の属性が絞れていると、より興味を引く内容にできます。

コンテンツの見出しを先に決める

いきなりコンテンツを作り始めるのではなく、事前に情報を集めて見出しを立てておくことで、制作に行き詰まりにくくなります。マインドマップを用いると全体の見通しがよくなり、より進めやすくなるでしょう。(二平)

まとめ

既存のコンテンツは宝の山ですが、顧客へのアンケートも面白い試みです。例えば「経営者のみ」という属性でホワイトペーパーを作れれば、多くの人が興味を持つはずです。

19

ホワイトペーパーは見た目も大事

デザインやタイトルが広告のCPAにも影響する

ホワイトペーパーの企画・制作が完了したら、最後はパッケージ化して完成です。ダウンロードする前は中身が分からない状態なので、デザインとタイトルでユーザーを引き付ける必要があります。

売れている書籍を参考にするのがおすすめ

　ホワイトペーパーの企画・制作が完了したら、表紙のデザインやタイトルを決める段階である「パッケージ化」を行います。いわば外見を整える作業なのですが、これが内容以上に重要です。

　ホワイトペーパーではありませんが、印象的な事例として筆者が記憶しているのが太宰治の『人間失格』です。集英社文庫の新装版として、表紙のデザインをマンガ『DEATH NOTE』の作者である小畑健氏が描き下ろしたところ、異例のヒットになったことがありました〈※1〉。このように内容が同じであっても、表紙のデザインによってユーザーに与えるインパクトは大きく変化します。

　また、ホワイトペーパーのタイトルにもこだわりたいところです。タイトルの変更で広告のCPAが下がったことは、筆者も何度か経験しています。おすすめなのは、売れている書籍のタイトルを参考にすることです。時には書店に足を運び、棚を眺めながらアイデアを練るとよいでしょう。Canva〈※2〉を利用して、書籍のようなパッケージにして見せるのも演出として効果的です〔図表 **19-1**〕。

※1　集英社文庫『人間失格』
https://www.shueisha.co.jp/books/
items/contents.html?isbn=4-08-752001-3

※2　Canva
書籍風のデザインを作るテンプレートが用意されている。
https://www.canva.com/ja_jp/book-covers/
templates/

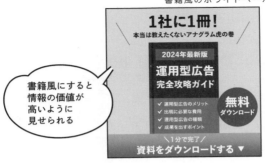

本体価値と知覚価値のバランスを意識する

ホワイトペーパーのデザインでは、「本体価値」と「知覚価値」という考え方も意識してください。本体価値とは製品（ここではホワイトペーパー）が持つ機能や性能による価値、知覚価値は見た目やデザインによる価値を指します。

例えば、誰もが知っている高級ブランドの香水を思い浮かべてください。まったく同じ香りであっても、パッケージが完全に異なっていたら、同じ価格で売ることは難しいでしょう。

ホワイトペーパーでも似たようなことがいえます。いかに本体価値（コンテンツ）が優れていたとしても、知覚価値（デザインやタイトル）が顧客から評価されなければ、広告のCPAは高くなってしまいます。ただし、本体価値に魅力を感じてもらえなければ、今度は商談化率に悪影響が出てくるでしょう。

本体価値と知覚価値の両方が伴っているホワイトペーパーこそ、よいホワイトペーパーだといえます。最近では企業向けのホワイトペーパー作成サービスが登場しているので、それらの活用も検討してみてください。（二平）

> **まとめ**
> ホワイトペーパーのデザインとタイトルは非常に重要な要素です。知覚価値と本体価値の両面から見てパッケージ化に取り組みましょう。

20

セミナーは企画が9割

リード獲得だけでなく商談化や活用促進にも使える

> セミナーにはリード獲得だけでなく、自社商材の認知や商談化にも有効な施策です。また、よいセミナーにはCPAを下げる効果がありますが、よいセミナーにできるかどうかは、ほぼ企画の段階で決まります。

顧客のライフサイクル全体にわたって効く施策

BtoBマーケティングの施策として、セミナーを行っている企業は非常に多いと思います。名刺管理ツールで有名なSansan株式会社が2023年6月に発表した「BtoBマーケティングに関する実態調査」[※1]によると、「実施しているBtoBマーケティング施策TOP10」のうち「オフラインセミナー開催」が3位で30.8%、「ウェビナー開催」が4位で28.3%となっています[図表20-1]。

このように多くのBtoB企業で積極的に取り入れられているセミナーですが、専らリード獲得を目的とした施策だと思っていませんか？ 実は、顧客のライフサイクルにあわせて実施することで、さまざまな効果が期待できるのがセミナーのメリットです。

次ページの下の図は、購買意志決定プロセスにおいてセミナーがカバーできる段階を示しています[図表20-2]。セミナーは自社や製品・サービスの認知獲得だけでなく、商材のよさを伝えて商談化を促進する目的でも使えます。さらに、検討の促進、導入後の活用度向上と、実質的にすべての段階への応用が利く施策です。

※1　BtoBマーケティングに関する実態調査
https://jp.corp-sansan.com/news/2023/0601.html

1	展示会への出展	42.0%
2	Web広告 (バナー広告、検索広告など)	36.0%
3	オフラインセミナー開催	30.8%
4	ウェビナー開催	28.3%
5	SNS施策	27.8%
6	メールマガジン	26.0%
7	新聞・雑誌広告	24.3%
8	ダイレクトメール (郵送)	23.3%
9	テレビCM	22.4%
10	屋外公告・交通広告	18.1%

※n=900、複数回答

セミナーがカバーできる段階〔図表 20-2〕

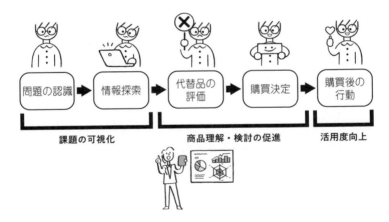

加えて、セミナーは1対多で一気に情報を伝えられるのも魅力で
すし、満足度の高いセミナーを開催し続ければ「あの企業はノウハ
ウが豊富だ」という好印象を与え、ブランド価値や信頼性の向上に
つながります。コンテンツを通して信頼を得るという、BtoBマーケ
ティングの本質から見ても相性のよい施策だといえるでしょう。

テーマやタイトル、トレンドの反映で集客が大きく変わる

　筆者はこれまで数百のセミナーに携わってきましたが、その経験を踏まえて確信しているのが、「セミナーは企画が9割」だということです。ここで1つ、簡単な質問をさせてください。

　以前、MAツールを提供している企業を支援していたときに、筆者は次の2つのセミナーを企画しました。参加人数が多かったのは、どちらのセミナーだと思いますか？

①Googleアナリティクス4（GA4）の活用講座
②BtoBマーケティングの入門講座

　正解は②で、2つの理由があったと分析しています。1つは、①が中級者向けのテーマであり、より粒度が大きいテーマである②と比較して対象者が少なかったこと。もう1つは、実施時期が2023年7月以降、つまりGA4への強制移行が完了したあとであり、すでにトレンドを過ぎた話題だったことです。

　さらに、②は同じタイミングで他社もBtoBマーケティング関連のセミナーを実施しており、注目を集めるうえでの追い風となっていました。これらから分かるのは、セミナーはテーマやタイトル、トレンドによって集客が大きく左右されるということです。

　最近でいえば、生成AIを絡めて企画したセミナーは集客がしやすいはずです。ほかにも登壇者の人選によって集客や広告のCPAが変わってくるので、次節以降で詳しく見ていきましょう。（二平）

まとめ

セミナーは顧客のライフサイクルのさまざまな段階で活用できます。集客に最もインパクトがあるのは企画で、テーマやタイトル、トレンド感が大きく影響します。

21

セミナーの起点は
3つの目的と4つの形式

中途半端な目的と形式の組み合わせは失敗のもと

セミナーには「カンファレンス型」「テーマ特化型」「相談会・体験会型」「導入フォローアップ型」の4種類があります。集客向き、商談化向きなどの特徴があるため、目的にあわせて使い分けましょう。

いきなり企画を考えることからスタートしない

前節ではセミナーにおける企画の重要性を述べましたが、企画を考える前にやっておくべきことがあります。セミナーの目的を決め、それに適した形式を選ぶことです。まず、セミナーの目的は次の3つに分けられます。

①集客

②受注や商談化

③既存顧客のフォロー

①集客を目的にする場合は、引きのある企画や登壇者の知名度が何より重要です。後述するカンファレンス型やテーマ特化型など、多人数の集客に適した形式を採用するのが得策といえます。

②受注や商談化の目的では、少人数で実施してユーザーの課題をピンポイントに解決したり、導入事例などを用いて興味関心を高めたりする企画にまとめるのが好ましいです。

③既存顧客のフォローを目的とする場合は、例えばSaaS企業が自社商材を導入して間もない顧客に向け、小規模のセミナーを開催するのが一般的です。自社の講師が一方的に話す、いわゆる座学だけで終わらせるのではなく、コンサルティングも兼ねたワークショップと組み合わせて開催するのもよいでしょう。

大規模イベントで集客に振り切る「カンファレンス型」

セミナーの形式は、ここから解説する4つが主流となります。1つ目は「カンファレンス型」です。

カンファレンス型のセミナーは1日から数日にかけて実施し、複数のセミナーや展示会で構成します。大規模なイベントとなるため話題性が生まれやすく、著名人への登壇依頼がしやすいという特徴があります。また、そのようなイベントを開催すること自体が自社のブランディングになる、という魅力もあるでしょう。

さらに、カンファレンス型は複数のセミナーでタイムテーブルを組み立てるため、一連のセミナーを集客目的、もしくは商談化目的でまとめたり、複数人が登壇するパネルディスカッションを実施したりと、企画の自由度が高いこともメリットとなります。

ただし、大規模であるがゆえに運営コストがかかる点がデメリットで、規模が大きくなればなるほどコストも大きくなります。

集客と商談化のどちらも狙える「テーマ特化型」

2つ目として挙げる「テーマ特化型」は、最もオーソドックスな形式です。特定の話題に絞り、自社や協力企業、コンテンツホルダーが登壇して開催します〔図表21-1〕。複数の顧客企業に登壇してもらい、お互いの事例を共有するようなセミナーもあります。

テーマによって目的を柔軟に変えることができますが、中途半端な企画でまとめるよりも、今回は集客目的、もしくは商談化目的と割り切って実施するほうがよいでしょう。

Anagrams Seminar

>>> 今すぐ確認したい！
BtoB向け広告運用の基礎戦略と実践

成果を上げる

12のチェックポイント

無料開催 **2/28** 水 **15:00-16:00** @オンライン

「BtoB向け広告運用」
という
テーマに絞っている

二平 燿平
Ryohei Nihei
広告運用事業部 マネージャー

小規模な「相談会・体験会型」と「導入フォローアップ型」

3つ目の「相談会・体験会型」は、自社商材に関する説明や質疑応答、体験会を行うセミナーです。この形式は商談化や受注を目的としており、少人数制で多くの回数を行うことが特徴です。

4つ目の「導入フォローアップ型」は、導入後の活用や定着を目的とした形式になります。eラーニングのように動画にする場合や、定期的にテーマを絞ってリアル開催する場合があります。

ひと通り、セミナーの目的と形式について述べましたが、具体的な組み合わせとしては以下のようなものが考えられます。このようにセミナーの目的に応じて最適な形式を組み合わせることで、自然とリードとの接点が増えるとともに、商談や受注につながりやすい流れができていくはずです。(二平)

- カンファレンス型を年に1〜2回開催し、リード獲得に振り切る
- テーマ特化型を月数回開催し、リード獲得と認知拡大に活用
- 上記で集まったリードに対して相談会・体験会型への参加を促し、商談や受注を狙う

> **ま** **と** **め**
>
> セミナーの企画を考える前に、目的を考えましょう。中途半端な目的はよくありません。集客目的か、商談化・受注目的かというように振り切ることをおすすめします。

22

セミナーを成功させる5つの柱

企画を進めるうえで外してはいけない考え方

セミナーの企画を考えるのは難しいことです。本節で紹介する5つのポイントを参考にすることで、目的の達成とCPAの抑制を実現できるでしょう。これらは、どの目的に対しても有効な考え方です。

よい企画は広告運用時のCPAを下げる効果もある

セミナーにおいて企画が重要であることはすでに述べた通りですが、本節では、その企画の段階で外してはならない次の5つの考え方について説明します。

① トレンドを活用する

② 顧客の意見を反映する

③ カスタマージャーニーから発想する

④ コンテンツをリサイクルする

⑤ 外部の専門家を登壇者として呼ぶ

これらを意識することで、前節で見てきたセミナーの目的、すなわちリード獲得や商談化の促進がうまくいき、納得のいく成果を得られる可能性が高まります。それだけでなく、開催までに必要とする社内リソースを抑えるとともに、集客のための広告運用でのCPAを下げ、コストを削減する効果も期待できるでしょう。

製品・サービスに関連するトレンドを積極的に取り込む

　セミナーの企画で考えるべき最初の項目として挙げた「①トレンドを活用する」は、集客を軌道に乗せるうえで大きな影響があります。自社商材の市場にいる多くの人々が気にしているのに、調べてもあまり情報が出てこないようなテーマがあれば、積極的にセミナーに取り入れるべきです。

　2020年4月頃、新型コロナウイルス感染症によってテレワークが推奨され、対面での商談や展示会での営業活動が難しくなりました。その結果、多くのBtoB企業においてインサイドセールスやウェビナーに取り組む必要性が高まっていました。

　そのため当時、MAツールを提供する企業がインサイドセールスやウェビナーに関するセミナーを開催したところ、非常に多くの反響がありました。セミナーを告知する広告のCPAも安価に抑えられ、効率的に集客できたという事例もあります。

　2023年でいえば、ChatGPTなどの生成AIやインボイス制度と関連したセミナーは反応がよく、CPAを下げながら集客が行えました。本書を執筆している2024年においては、物流の2024年問題、サードパーティCookieの段階的廃止、生成AIによる検索体験（SGE）の登場などが話題になってくるでしょうか。

　このような法改正や市場の変化、新しい技術やノウハウなどに、自社商材を関連付けたセミナーを企画できると、成功の可能性が大きく高まります。一歩進んだ情報発信を目指していきましょう。

過去のセミナー参加者や商談時の意見を次回の企画に

　「②顧客の意見を反映する」ことをセミナーの企画で意識すると、リードの不安を解消して商談化を促進する効果が期待できます。特に取り込みたい要素としては、次ページのようなものが挙げられます。

過去セミナーのアンケート

セミナー実施時には参加者にアンケートを依頼し、次回に参加したいテーマや知りたいテーマを記入してもらっていると思います。それらを企画に生かしましょう。自分の意見が反映されたセミナーが開催されると知れば、過去の参加者も再び参加したくなるはずです。

商談時の疑問点

商談の場面で顧客から出てきた疑問点を、セミナーの企画に反映しましょう。例えば、似たような疑問点を集めてFAQとして整理し、相談会・体験会型のセミナーのコンテンツにするなどのアイデアが考えられます。

製品・サービス利用時の疑問点

導入済みの顧客から得た利用時の疑問点も、セミナーの企画として取り入れられます。こちらは導入フォローアップ型のセミナーでの活用が想定できます。

顧客の検討段階にあわせた企画でセミナーを開催

「③カスタマージャーニーから発想する」とは、検討初期から導入・活用までの各段階における顧客の気持ちに寄り添い、それぞれに適したセミナーの企画を考えるということです。

例えばMAツールの場合、検討の初期段階にいる人は「どのような種類や機能があるのだろう?」という疑問を持っているでしょう。そのような人には「MAツールを基本から解説!」といった企画が適しており、セミナーに参加してくれるかもしれません。一方、検討段階が進んでツールの選び方が知りたいという人には、「失敗しないMAツールの選び方」といった企画が刺さるはずです。

自社にもともとあるコンテンツを相談会・体験会で活用

「④コンテンツをリサイクルする」は、ホワイトペーパーでも述べた考え方です。営業活動で利用している提案資料やオウンドメディアの記事、カスタマーサクセスのためのコンテンツをセミナーの企

画として取り込み、再編集して利用してみましょう。

　社内リソースを効率的に使えるだけでなく、相談会・体験会型の
セミナーでも使いやすいコンテンツとなります。

著名人の登壇は集客だけでなくCPA抑制にも効果大

　「⑤外部の専門家を登壇者として呼ぶ」ことは、集客にポジティブ
な影響を与えます。特に著名人を招いたときの効果は絶大でしょう。
過去に開催したカンファレンス型のセミナーで、ある著名人を登壇
者の目玉として広告のクリエイティブに活用したところ、通常数万
円のCPAが数千円単位まで下がったことがありました。

　また、筆者が個人的におすすめしたいのが、新しく書籍を出版し
た人に声をかけることです。そのような人は自著の読者を増やした
いと考えているので、セミナーへの登壇に積極的で、Win-Winの関
係を築けます。（二平）

セミナーの企画を考えるのは
大変だけど、よい企画ができれば
商談につながるし、CPAが下がって
コストも抑えられるよ！

> **まとめ**
>
> セミナーの企画は、①トレンド、②顧客の意見、③カスタ
> マージャーニー、④コンテンツのリサイクル、⑤外部の専門
> 家が鍵となります。常に意識して目的の達成を狙いましょう。

23
CPAと商談化率の相場をつかむ

商談数を増やすことに注力すれば売上増に近づく

> CVポイント別のCPAと商談化率の相場を理解してください。ビジネスのゴールは受注を獲得し、売上を伸ばすことです。そのために、自社の数値との差異を把握し、商談数を増やすことを意識してください。

目安を知ることで現状の課題が見えてくる

BtoBマーケティングにおけるCVポイントには、それぞれ目安となる広告のCPAと商談化率の数値があります。次の4つのCVポイントについて、筆者の経験に基づく数値を紹介しましょう。

・問い合わせ　　　　　　・セミナー

・資料請求　　　　　　　・ホワイトペーパー

CPAと商談化率の相場を知れば、広告運用をはじめとした自社のマーケティング施策が順調なのかどうかを把握できます。あくまで目安ではあるので、ビジネスモデルや広告のクリエイティブ・LPの状態によって数値は変わってくると考えてください。

CPAが下がれば、同じ広告予算でより多くのリード数を獲得できます。商談化率が上がれば、同じリード数でより多くの商談を実施できます。これらが最終的な売上に影響してくるわけですが、そのロジックは本節の最後に説明します。

問い合わせのCPAは高いが商談化率も高い

　問い合わせのCPAはかなりバラつきがありますが、1件あたり数万〜10万円程度に落ち着くことが多いでしょう。

　例えば、動画制作代行系のビジネスは比較的CPAが安く、問い合わせや見積もりの完了が1万〜2万円程度で獲得できていたことがあります。動画制作というビジネスの性質上、資料請求の前に見積もりを取っておきたい心理が働くため、顧客側としても問い合わせや見積もりがしやすいのだと考えられます。

　一方、コスト削減コンサルティングのような大企業向けの商材では、CPAが10万円に達することもありました。そもそもの検索数が少なく競合も多いビジネスであるため、検索広告のCPC(※1)の時点で1,000円を超えてきます。ただ、問い合わせや見積もりのCPAが10万円を超える場合、基本的には広告やLPに問題がある可能性を疑ってもらうのがよいと思います。

　問い合わせの商談化率は、インサイドセールスの体制などで数値が変動しますが、30〜50%を目安に考えてください。問い合わせ自体のハードルが高い、つまり検討が進んだ状態のCVポイントであるため、そのまま商談につながることが多いといえます。

　逆に商談化率が30%以下の場合、インサイドセールスの体制が不十分だったり、広告やLPで間違った顧客層を集めていたりなど、誤ったコミュニケーションになっている可能性が高いでしょう。

資料請求は問い合わせよりもコンバージョンしやすい

　資料請求のCPAは、1万〜5万円程度に収まることがほとんどです。顧客としては問い合わせよりも気軽にでき、コンバージョンしやすいことから、CVRが上がりCPAが下がる傾向にあります。

　もしCPAが10万円以上になってくるようなら、広告運用やLPに問題があると考えられます。十分に検討が進んでいない段階の人々を広告のターゲットにしている、もしくはダウンロードに必要なフォームの入力項目が多すぎるなどの原因を探ってみましょう。

　資料請求の商談化率は、問い合わせよりも検討が進んでいないこ

※1　CPC
「Cost Per Click」の略で、クリック単価のこと。ユーザーが広告を
1クリックするごとに、費用がいくらかかったのかを表す。

2

広告運用の準備

とから20～40％程度に下がります。自社の製品・サービスに興味
がある人でなければコンバージョンしないので、正しくアプローチ
できていれば商談化率を高く維持できます。商談化率が20％を切っ
ているようなら、アプローチ方法を見直してください。

セミナーとホワイトペーパーのCPAは同水準

　セミナーのCPAは5,000円～2万円程度が目安になります。トレ
ンド感や登壇者など、企画によってCPAが変動しやすいですが、筆
者としては2万円を超えてきたら「高いな」と判断します。

　商談化率もセミナーの企画に左右されます。例えば、ノウハウを
伝えるセミナーであれば1～5％程度になり、サービス紹介のウェビ
ナーであれば5～15％程度になります。一方、セミナーはリードに
対して情報を直接伝えられるため、うまく活用すれば高い商談化率
を実現できるCVポイントでもあります。

　ホワイトペーパーのCPAも同水準で、5,000円～2万円になること
が多いです。しかし、顧客は気軽にダウンロードでき、CVポイント
の中で最も達成しやすいため、商談化率は高くありません。

　「ホワイトペーパーからの受注率は1割」という資料を紹介しまし
たが (P.70)、商談化率が1～3％程度になってしまうことも少なくあ
りません。その場合はホワイトペーパーの企画に加え、インサイド
セールスの体制を見直す必要があるでしょう。

商談数はマーケティングの力で操作可能な変数

　CPAと商談化率の相場を見てきましたが、ビジネスの最終目標は
受注の獲得であり、売上を伸ばすことにあります。では、受注率の
目安はどうなのかというと、BtoB企業の場合、高くても30％程度と
いうのが通説です。創業初期などでは一時的に50％に達することも
あるようですが、事業が成長フェーズに入って規模を拡大していく
うちに、20～30％に落ち着いてきます。

　また、売上を伸ばすには製品・サービスの単価も影響しますが、
単価を上げるにはビジネス構造自体の変更や新サービスの開発など

が必要になるため、容易にできることではありません。

　よって、私たちにとっては「いかにして商談数を増やすか？」という視点が重要になってきます。売上、商談数、受注率、単価の関係を式で表すと下図のようになりますが、これを見ると商談数が最もマーケティングの力でコントロールしやすく、増やそうと思えば増やせる変数であることが分かると思います〔図表23-1〕。

　本節冒頭の繰り返しになりますが、CPAを下げれば同じ広告予算でより多くのリードを獲得でき、商談率を上げれば同じリード数でより多くの商談を実施できます。それぞれの相場を把握し、より高い数値を目指していきましょう。（二平）

売上、商談数、受注率、単価の関係〔図表 23-1〕

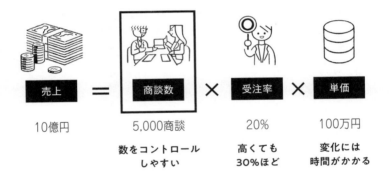

| 売上 | ＝ | 商談数 | × | 受注率 | × | 単価 |

| 10億円 | | 5,000商談 | | 20% | | 100万円 |

| | | 数をコントロール
しやすい | | 高くても
30%ほど | | 変化には
時間がかかる |

> **まとめ**
>
> 野球の世界では「打率3割を超えれば一流の打者」といわれます。各CVポイントのCPAと商談化率の目安は、自社に何が足りないのかを知るヒントになるはずです。

24
CVポイントを
無闇に増やすな

事業のフェーズごとに適切なCVポイントを設計する

> CVポイントを増やすことで、異なる検討段階のユーザーの受け皿ができます。しかし、CVポイントを増やしても営業体制が整っていなければ対応できません。自社の規模によって設計してください。

「受け皿」を増やしすぎても収拾がつかない

　BtoBマーケティングを進めていくうえで、複数のCVポイントを用意することの重要性はすでに説明しましたが、とにかく何でもいいからCVポイントを増やそう、という意味ではありません。本節で事業のフェーズや商材のタイプにあわせた、CVポイントの適切な設計方法について見ていきましょう。

　最初に全体像を述べると、企業や部署を立ち上げたばかりのフェーズでは、極めてシンプルな設計が望ましいです。その後の拡大フェーズに入ってから、無料トライアルなどの商談につながりやすいCVポイントを追加することをおすすめします。

　企業や事業の組織が大きくなってきたり、顕在層へのアプローチが頭打ちになってきたりした段階では、ホワイトペーパーやセミナーを取り入れて網を広げます。一方、市場からの認知度がすでにある状態では、あえてCVポイントを減らしてコストを下げながら、質の高いリードの獲得を狙うのも有効になります。以降では事業のフェーズに沿って、順に解説していきます。

事業の立ち上げ期は資料請求のみでもOK

　企業の創業期や新規事業の立ち上げ期におけるCVポイントは、資料請求のみ、もしくは問い合わせのみにするのが好ましいです〔図表24-1〕。なぜなら、人員数などのリソースが限られる段階で、多数のリードを獲得しても対応しきれないからです。

　営業部門やマーケティング部門の組織化ができていないのに、ホワイトペーパーやセミナーといったリード数を稼ぐCVポイントを設定しても、商談や受注にはつながりません。初期はシンプルな設計にし、ある程度検討が進んだリードのみを狙いましょう。

立ち上げ期のCVポイント〔図表**24-1**〕

商談

サービス資料
DL

Webサイト閲覧

拡大期は深いポイント→浅いポイントの順に追加

　営業・マーケティング部門が組織化され、事業として拡大フェーズに入ったら、無料トライアルなどの「深い」CVポイントから優先的に増やしていきます。

　CVポイントが多様化することで獲得できるリード数が増えますが、商談や受注につながらないリードが急増してしまうのはよくありません。最終目標に近いCVポイントから追加していくほうが、破綻することなく商談や受注を増やしていけるでしょう。

　ホワイトペーパーやセミナーといった「浅い」CVポイントは、さらに人員数が増えてリソースに余裕が出てきた段階で導入することをおすすめします〔図表24-2〕。あるいは、既存のCVポイントでは顕在層を獲得し尽くしてしまい、検討の初期段階にいる人へのアプロー

チが必要になってきたタイミングでもよいでしょう。

　また、このフェーズおいてはMAを活用したリードのスコアリングを導入し、インサイドセールスの体制を整えていくことも重要です。営業活動として正しいアクションをとることで、ホワイトペーパーやセミナーから商談につなげていくことが可能になります。

拡大期のCVポイント〔図表**24-2**〕

商談

無料
トライアル

WHITE
PAPER

サービス資料
DL

ホワイトペーパー
DL

Webサイト閲覧

あえてハードルの高いCVポイントだけに絞る手法も

　さて、ここからは応用編です。事業のフェーズが進むごとにCVポイントを増やしていく一方で、あえてCVポイントを絞り、確度の高いリードのみに対応するという手法があります〔図表**24-3**〕。

　CVポイントを増やせばリード数が増え、商談数も増えるメリットが期待できます。しかし、質の低いリードを獲得する可能性も高まり、営業活動の工数が増えるというデメリットがあります。そこでハードルが低い（リードを獲得しやすい）CVポイントを設けず、問い合わせのみをCVポイントとして残すことで、本気度の高いリードに絞って対応するというのが、この手法の狙いです。

　筆者が所属するアナグラムでも同様の手法を取り入れており、最小限のリソースで安定的に高い受注率を維持できています。ただし、この手法を行うには次ページの前提条件が必要です。

- 市場である程度認知され、ポジティブな評価を受けている
- オウンドメディアやSNSで数多くの情報を露出している
- クチコミでの紹介が多い

　上記の条件を満たすには時間がかかるため、すぐにできる施策ではありませんが、このような状態になるとBtoB商材のセールスがやりやすくなるので覚えておいてください。(二平)

あえてCVポイントを絞る〔図表24-3〕

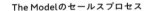

The Modelのセールスプロセス

| 認知拡大 | リード獲得 | リード育成 | 有望リード | アポイント設定 | 商談 | 受注 |

コンテンツ力を上げて受注までのプロセスを少なくする

| 認知拡大 | 問い合わせ | 商談 | 受注 |

> **まとめ**
>
> 事業の立ち上げ初期からCVポイントを増やしても、獲得したリードに対応しきれません。拡大するにつれて深いポイント→浅いポイントの順に増やしていくのがコツです。

25
施策の優先順位を 見極めろ

検索数×ターゲット数から効果的な施策が見えてくる

BtoBの施策にはホワイトペーパーやセミナー、ネット広告など、さまざまなものがありますが、何から始めていけばよいのでしょうか？ その答えは検索数とターゲット数の組み合わせから求められます。

4つの象限に当てはめて自社商材のタイプを把握

　BtoBマーケティングにはさまざまな施策がありますが、商材のタイプごとに施策の優先順位は変わります。その優先順位を見極めるには、まず「カテゴリーキーワードの検索数」×「ターゲット数」で自社商材のタイプを分類し、立ち位置を確認してください。

　次ページの図は、その2軸で4つの象限を作り、各象限に代表的な商材をマッピングしたものです〔図表25-1〕。カテゴリーキーワードとは、会計ソフトのSaaSを提供している企業なら「会計ソフト」、組織課題を解決するコンサルティングを提供する企業なら「組織コンサルティング」などが当てはまります。

　図の縦軸には、このカテゴリーキーワードの検索数をとっていますが、目安として月間数千件以上あると多い＝上側の象限、それ以下なら少ない＝下側の象限、という分類になるでしょう。Googleキーワードプランナー〈※1〉で調べると、「会計ソフト」は月間1万2,000件の検索ボリュームがありますが、「組織コンサルティング」は月間170件に留まります。

※1　Googleキーワードプランナー
https://ads.google.com/intl/ja_jp/home/tools/keyword-planner/

上図の横軸にあるターゲット数は、Chapter 1で見た業界×規模の分類を思い出してください（P.38）。業界を絞らないホリゾンタルな商材で、対象とする企業規模がSMB（中小企業）であればターゲット数は多くなります。逆に、業界特化のバーティカルな商材でエンタープライズ（大企業）向けであれば少なくなります。

まずは自社商材が図中のどの象限に当てはまるか、カテゴリーキーワードの検索数とターゲット数からイメージしてみてください。4つの象限を言語化すると以下のように表せます。

①検索数が多く、ターゲット数も多い

②検索数は少ないが、ターゲット数は多い

③検索数は多いが、ターゲット数は少ない

④検索数が少なく、ターゲット数も少ない

そして、すでに図中に示した通り、各象限によって施策の方向性が異なります。それぞれの詳細を以降で見ていきましょう。

広告運用の準備

2

検索数多×ターゲット数多の広告は検索面を中心に

　まずは「①検索数が多く、ターゲット数も多い」ですが、この商材タイプで実行すべきマーケティング施策のうち、広告については検索面がメインの獲得チャネルになります。「会計ソフト」などのカテゴリーキーワードで検索してくる意欲の高いユーザーが多いため、CVポイントは無料トライアルや資料請求、見積もりといった、適度にハードルが高いものがよいでしょう。

　同時に、Meta広告などのSNS広告やディスプレイ広告をサブとして展開します。それらの広告から自社サイトを訪れたものの、コンバージョンしなかったユーザーに対しては、リターゲティングをしっかり行って再訪問を促しましょう。Facebook広告では類似ターゲティング（※2）にも積極的に取り組みたいところです。

　以上の施策をCPA×獲得数の2軸で分けてマッピングすると、下図のようなポートフォリオが描けます〔図表25-2〕。ただ、BtoB商材の場合、このように検索中心で獲得していくポートフォリオは競合他社でも似たようなものになりがちです。そのため、後述する「②検索数は少ないが、ターゲット数は多い」のポートフォリオも組み合わせることをおすすめします。

検索数多×ターゲット数多のポートフォリオ〔図表25-2〕

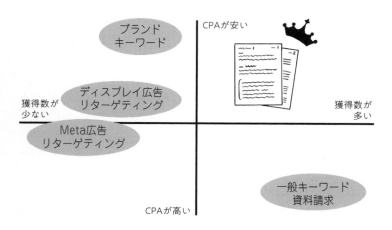

※2　類似ターゲティング
過去にコンバージョンした人や既存顧客のデータ（メールアドレスなど）をもとに、それらと類似した属性や行動履歴を持つユーザーを広告のターゲットにする手法。

自社サイトのSEOとオウンドメディア、比較サイトの活用も

「①検索数が多く、ターゲット数も多い」商材で優先順位の高い広告以外のマーケティング施策としては、自社サイトのSEO対策が挙げられます。カテゴリーキーワードの検索数の多さを生かし、LPの上位表示を狙っていきましょう。

しかし、上位表示できたとしても、ユーザーにとって知りたい情報がLPで得られなければ、コンバージョンには至りません。問い合わせや資料請求がしたくなるように、内容を常に磨いていく必要があります。また、検索で情報収集したい人々に向けて、オウンドメディアでの発信を行うなどの施策にも取り組んでください。

さらに、BtoB向けの比較サイトへの出稿も検討してみましょう。この商材タイプでは「会計ソフト おすすめ」「会計ソフト 比較」といったキーワードでの検索数も多くなりますが、こうした比較系のキーワードを捉えるには、比較サイトの活用が有効です。

検索数少×ターゲット数多はSNS広告で見つけてもらう

次に「②検索数は少ないが、ターゲット数は多い」商材について見ていきます。例として組織コンサルティングを挙げましたが、検索数は月数百件と少ないものの、従業員数が数十名以上の企業であれば対象となるため、ターゲット数は多くなります。

このような商材では、Meta広告やX広告、Googleのデマンドジェネレーションキャンペーンなどを活用しながら、ホワイトペーパーやセミナーといったハードルの低いCVポイントを設定し、リードを獲得していくことをおすすめします。

こうしたハードルの低いCVポイントによって、コンバージョンしたユーザーが蓄積されていくことで、Facebook広告の類似ターゲティングがさらに効いてきます。組織コンサルティングは経営者がターゲットとなりますが、経営者同士が知り合いでFacebook上でつながっていることも多いため、既存顧客のリストを活用した類似ターゲティングによる成果が上がりやすいといえます。

また、X広告もホワイトペーパーやセミナーなどのCVポイントで

あれば、BtoBでも十分に活用できます。フォロワーターゲティングやキーワードターゲティングなど、X独自のターゲティング機能で効率よくリードを獲得できることが多いです。以上をCPA×獲得数のポートフォリオにすると下図になります〔図表25-3〕。

検索数少×ターゲット数多のポートフォリオ〔図表25-3〕

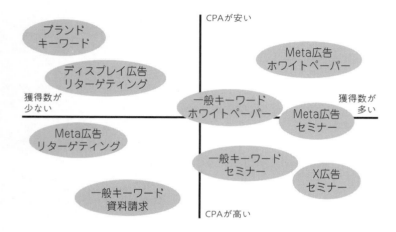

オウンドメディアやSNSで発信を行い、第一想起を狙う

「②検索数は少ないが、ターゲット数は多い」商材の広告以外の施策としては、オウンドメディアでの情報発信が挙げられます。悩み事に関するキーワードはどの業界でも一定数存在するため、上位表示できるように取り組んでいきましょう。ただし、時間がかかる施策ではあるので、長期的なフォローが必要です。

XやInstagram、YouTubeなどのSNS運用により、リード獲得につなげる施策もマッチすることが多いといえます。自社商材にまつわる役立つ情報・面白い情報を発信し続け、カテゴリー内で第一想起をしてもらえるように取り組んでいくのがポイントとなります。

加えて、プレスリリースなどでの広報活動にも力を入れましょう。まだ市場に認知されていない新しいカテゴリーの知見を広めることは、業界紙への寄稿といったチャンスにもつながります。

検索数多×ターゲット数少は検索広告から長期の関係を作る

続いて「③検索数は多いが、ターゲット数は少ない」商材について見ていきます。カテゴリーキーワードとしては例えば「ERP」が挙げられ、月間3万3,000件もの検索数があります。

一方、代表的なERPパッケージである「SAP」[※3]を導入する企業の従業員数は数百名以上と、エンタープライズ系に分類できるため、ターゲット数は少ないと考えられます。

この商材タイプは検索数が多いので、広告については検索面を中心に強化していくことになります。しかし、ターゲットが少ないうえ、検討期間も長くなるため、すぐに問い合わせや商談につなげることは難しいでしょう。ホワイトペーパーやセミナーといったハードルの低いCVポイントからリードを獲得し、長期的にコミュニケーションを重ねていく必要があります。

例えば、BtoBのセールスやマーケティングにまつわるセミナーを頻繁に実施し、その中で自社商材の魅力を伝えて商談に引き上げるという手法が考えられます。また、対象が大企業の場合はキーマンが分かりにくいため、セミナーをきっかけにヒアリングを行い、キーマンの特定につなげることもできるでしょう。ポートフォリオは下図を参考にしてください〔図表25-4〕。

検索数多×ターゲット数少のポートフォリオ〔図表**25-4**〕

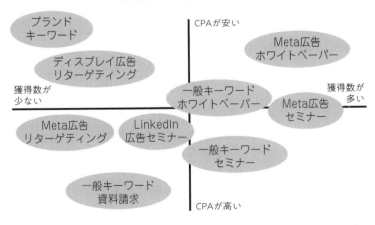

※3　SAP
ドイツ中西部に本社を置く、ヨーロッパ最大級のソフトウェア開発企業。同社が提供しているERPパッケージを指すことも多い。

オウンドメディアやSNSでの情報発信も組み合わせる

「③検索数は多いが、ターゲット数は少ない」商材では、ハードル
が低いCVポイントが中心となるため、SNS広告も活用していきま
す。企業の属性や役職でのターゲティングが可能なLinkedIn広告も
おすすめで、CPAが高くなることが多いものの、商談につながりやす
い質の高いコンバージョンの増加が期待できます。

広告以外の施策では、カテゴリーキーワードの検索数の多さを生
かした上位表示を狙うため、自社サイトやオウンドメディアのSEO
が必須になるでしょう。近年ではSNSで情報収集するビジネスパー
ソンも多いため、SNS運用にも着手していきたいところです。

一方、エンタープライズ向けの商材になるほど、オフライン施策
との組み合わせが重要になります。例えば、キーマンに手紙を送り、
アポイントを取得する方法が挙げられるでしょう。上場企業がター
ゲットであれば、公式サイトから役員の名前などの情報を得られま
す。ターゲットとしたい人宛てに直接手紙を送付する手法に取り組
んでいる企業も、近年では増えてきています。

検索数少×ターゲット数少はオフライン施策に重点を置く

最後の「④検索数が少なく、ターゲット数も少ない」商材、例えば
海事産業のDXを行うサービスのようにニッチなカテゴリーで、業界
特化かつ大企業向けの製品・サービスでは、オフラインの施策を重
点的に行うべきであることをすでに述べました (P.37)。

具体的な施策としては、CXOレター（※4）や顧問サービスを通じて
ターゲットとなる人を紹介してもらうほか、テレアポやDM、展示
会、FAX、業界紙への出稿などの施策を駆使してキーマンとつなが
り、提案していくなどが考えられます。(二平)

> **まとめ**
>
> BtoBマーケティングの施策は、自社商材のタイプによって
> 優先順位が異なります。カテゴリーキーワードの検索数と
> ターゲット数で分類し、最適な施策を選んでください。

※4　CXOレター
CXO は「Chief X Officer」の略で、「最高○○責任者」
の意味。CXO レターは、そうした役職者に向けて手紙
を送付する営業手法のこと。

26
緊急性と検討頻度で広告を使い分ける

「四半期予算を消化したい」ニーズに対応するには？

> CVポイントや広告における優先順位の付け方を紹介します。注目すべきなのは、顧客が急いで導入する必要があるかという「緊急性」と、導入の検討タイミングが短期間で発生するかという「検討頻度」です。

商材の緊急性と検討頻度を見極める

　前節ではカテゴリーキーワードの検索数とターゲット数の2軸で商材タイプを分類しましたが、また別の切り口での分類も考えられます。それが「緊急性」と「検討頻度」の2軸です。

　BtoB商材における「緊急性が高い」とは、導入を完了するまでの期限が決まっており、それが差し迫った状況であることを意味します。「検討頻度が高い」とは、月ごと、四半期ごとといった短い区切りで導入を検討するタイミングがあるということです。

　例えば「緊急性が高く、検討頻度も高い」商材を挙げると、広告の運用代行や動画制作などの販促支援系サービスが該当します。これらは四半期ごとに販促予算が決まっており、四半期が終わるタイミングで次の予算の使い道を決めることが多くなっています。

　「緊急性は高いが、検討頻度は低い」商材であれば、バックオフィス系のサービスが当てはまります。「法改正により○カ月後までにシステム導入が必須」「人員増に備えた業務効率化を来年度内に実現したい」など、長期ながらも緊迫した状況が想定できます。

逆に「緊急性が低く、検討頻度も低い」商材には、DXプロジェクトの立ち上げ支援や組織コンサルティングなど、ニーズが顕在化していないサービスが挙げられます。緊急性と検討頻度の2軸で代表的な商材を分類すると、下図のように表せます〔図表26-1〕。

緊急性×検討頻度の分類（商材）〔図表**26-1**〕

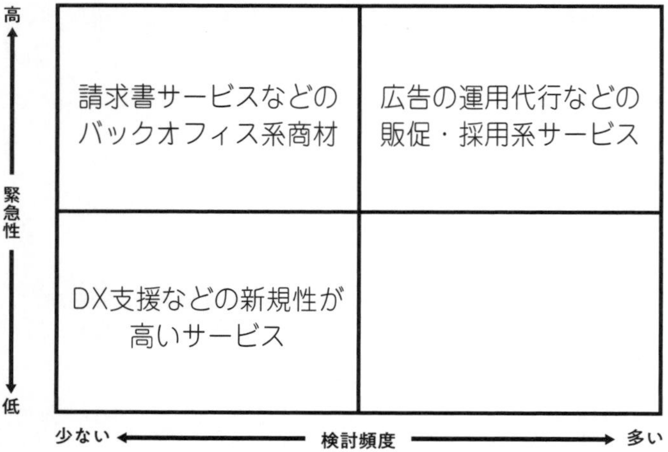

緊急性が高いなら検索広告、低いならSNS・ディスプレイ広告

このように商材の緊急性と検討頻度を理解しておくと、広告運用において正しいアクションを取りやすくなります。まず、緊急性が高い商材については、検索広告との相性がよくなります。

緊急性が高ければ「今、解決策を探している人」が高確率で存在しているわけで、そのような人とマッチングできる検索広告を中心とした運用がおすすめです。販促支援系サービスのように検討頻度も高い商材であれば、さらに相性はよくなります。

一方、緊急性の低い商材については、ニーズが顕在化していないため検索数は自ずと少なくなります。すぐに顧客を見つけるのは難しいため、Meta広告などのSNS広告やディスプレイ広告を使って幅広くアプローチしていくほうが適しています。

最初からハードルの高いCVポイントを狙うのも手

　緊急性×検討頻度の2軸により、優先すべきCVポイントを整理することもできます〔図表26-2〕。例えば「緊急性が高く、検討頻度も高い」商材で検索広告を配信する場合、問い合わせや見積もりといったハードルの高いCVポイントを優先してみてください。

　この象限に該当する販促支援系サービスでは、「期末までに余った予算で動画を作りたいから、とにかく早く見積もりがほしい」といったニーズが発生します。そのような顧客を想定すると、資料請求や無料トライアルを挟むよりも、問い合わせや見積もりが直接できたほうが、よりニーズに応えられているといえるでしょう。すぐに電話で依頼したい故障対応系のサービスなども同様です。

　逆に緊急性の低い商材では、じっくりとコミュニケーションをとることが重要です。CVポイントのハードルを下げ、ホワイトペーパーやセミナーでリードを獲得しつつ、営業活動につなげていきましょう。(二平)

緊急性×検討頻度の分類（CVポイント）〔図表**26-2**〕

	少ない ← 検討頻度 → 多い
高 ↑ 緊急性 ↓ 低	**1ステップ**　問い合わせ ／ **1ステップ**　問い合わせや見積もり
	2ステップ　資料請求やトライアル ／ **2ステップ**　資料請求やトライアル
	3ステップ　ホワイトペーパーやセミナー ／ **3ステップ**　ホワイトペーパーやセミナー

> **まとめ**
> 緊急性と検討頻度も、広告の媒体優先度とCVポイントを考える軸の1つになります。緊急性が高い場合は検索広告、緊急性が低い場合はディスプレイ広告を優先しましょう。

2
広告運用の準備

111

27
リード獲得後の成果を可視化せよ

広告の管理画面とCRMツールの連携は必要不可欠

> リードを獲得したあとの商談や受注の数値は把握していますか？ リード獲得後の数値から、改善するための施策を検討できます。そのためにはGoogle広告やMeta広告と、SFAやCRMとの連携が重要です。

商談・受注までを見据えた広告運用を行うために

　BtoBマーケティングに取り組んでいると、次のような課題がよく出てきます。これらに悩んでいる人は非常に多いはずです。

- リードは獲得できたが商談につながらない
- 広告媒体ごとの費用対効果が分からない

　当然のことですが、リードを獲得できても、その後の商談や受注につながらなければ意味はありません。また、今後サードパーティCookieの規制が進めば、広告単体の成果がますます見えづらくなり、正しいアクションが実行しにくくなっていきます。

　これらの課題を解決するには、Google広告やMeta広告といった広告媒体の管理画面と、SFAやCRMのツールとの連携が必要不可欠です。SFAやCRMと連携することで、広告媒体ごとにリード獲得後の商談化率などが可視化され、商談・受注ベースでの費用対効果をもとに、正しい予算の配分や訴求の改善が可能になります。

Google広告とCRMツールは簡単に連携が可能

　HubSpotやSalesforceなどのCRMツールを活用し、リード獲得後の管理を行っている企業は多いと思います。これらはGoogle広告やMeta広告と簡単に連携できる(※1)ため、社内の担当者に確認するなどして、設定を済ませておくことを強く推奨します。

　例えばHubSpotであれば、以下の画面のような可視化が可能です〔図表27-1〕。この画面では「自然検索」「検索広告」「メール」といったチャネルごとのリード獲得数をグラフにしていますが、同様に広告媒体ごとの商談化率などを集計することもできます。

　このような環境を整えることで、「リード獲得CPAが安価なMeta広告に注力してきたが、商談化CPAで見ると検索広告のほうが安いため、予算のシフトを検討する」「商談化率が低いディスプレイ広告のキャンペーンは、早急にクリエイティブを入れ替える」といったアクションがすばやく実行できるようになります。(二平)

HubSpotで分析している画面〔図表27-1〕

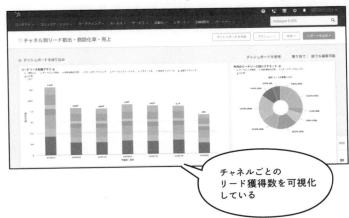

チャネルごとの
リード獲得数を可視化
している

> **まとめ**
> BtoBではリード数だけを見ても売上につながりません。その後の商談化や受注までの動きを可視化する必要があるため、SFA/CRMツールとの連携を済ませましょう。

※1　Google広告では［管理者］→［リンクアカウント］より、HubSpotやSalesforceとのリンク設定が可能。
https://support.google.com/google-ads/answer/12797517

28

MAのスコアリングは
属性×行動で考える

確度の高いリードを把握して営業アクションにつなげる

BtoBでは情報収集の段階で、商談・受注につながり
そうなリードにアプローチする必要があります。その
見極めにはMAの活用が必須です。MAでユーザーを
スコアリングするときの考え方を紹介します。

購買意思決定プロセスの大部分は商談前に終わっている

CEB Marketing Leadership Councilの調査[※1]によると、法人の購買
意思決定プロセスのうち57%が、営業担当者に会う前の情報収集に
よって終わっているとされます。インターネットが普及する前は、
営業担当者が早い段階から直接コミュニケーションをとることで
リードの状況を把握できましたが、現在ではそれは難しくなり、IT
ツールを活用しなければ把握できなくなっています。

本書では折に触れてMAの活用を推奨してきましたが、その理由
は購買プロセスの57%を占める事前の情報収集の段階で、リードの
状況を把握する必要があるからです〔図表28-1〕。MAを活用すること
で、営業担当者は適切なタイミングでリードにアプローチでき、商
談や受注につなげていくことが可能になります。

そして、MAを活用するうえで重要な考え方の1つが「スコアリン
グ」です。スコアリングとは、特定の属性や条件を満たしたリードに
スコアを付与し、スコアが高いものを抽出する（ランク付けする）ことを指
します。

※1　CEB Marketing Leadership Council
https://www.cebglobal.com/content/dam/cebglobal/us/EN/best-practices-decision-support/
marketing-communications/pdfs/CEB-Mktg-B2B-Digital-Evolution.pdf

この部分のタイミングの可視化が重要！

ホワイトペーパー、セミナー、メールなど	営業担当者
57%	43%

情報収集の段階にいるリードから確度の高い人を見つける

MAでスコアリングを行うときには、以下に示した「属性情報」と「行動情報」の2軸で考えるようにしてください〔図表 28-2〕。

属性情報は、リードが所属する企業の従業員数や売上高、業種などが当てはまります。これらは「FORCAS」(※2) などのターゲットリスト生成ツールを活用して収集するとよいでしょう。

行動情報は、自社サイトの閲覧履歴、ホワイトペーパーやサービス資料のダウンロード履歴といったファーストパーティデータを指すことが多いです。属性情報に比べて、リードや顧客と接点を持たないと入手しづらいデータになります。

属性情報と行動情報を組み合わせてリードをスコアリングし、商談や受注が狙える確度の高い人をリストアップしましょう。それを踏まえてインサイドセールスと連携してアクションを行うことで、商談のアポイントなどを狙っていきます。

属性情報と行動情報〔図表 28-2〕

属性情報	行動情報
・業種・業態	・検索履歴
・従業員数	・閲覧履歴
・売上高	・開封履歴
・役職	・参加履歴
	・会話履歴

※2 FORCAS
ユーザベースが提供する営業DXソリューション。国内150万社の企業データベースなどを利用できる。
https://www.forcas.com/

初期段階ではシンプルな設計で運用ハードルを下げる

　MAのスコアリングは、条件を複雑にしすぎると対象となるリード数が少なすぎて機能しなかったり、MAの運用そのものが難しくなったりする原因になります。そのため、MAの導入初期はシンプルな設計で始めることを推奨しています〔図表28-3〕。

　例えば、資料請求や問い合わせなどのCVポイントを達成したリードは「サービスに興味がある」としてAランクにリストアップし、すぐに電話やメールで商談を打診する、といった具合です。

　また、セミナー参加時のアンケートなどで課題ありとの回答があれば、「サービスに興味はないが課題はある」としてBランクの扱いにします。資料の送付やセミナーの定期的な案内などを通して、自社商材に興味を持ってもらえるアプローチを続けましょう。

　さらに、ホワイトペーパーをダウンロードしただけなら「サービスに興味もなくて課題もない」としてCランクにし、メルマガでフォローするなどの対策をとっていきます。(二平)

条件とアクションの例〔図表 **28-3**〕

ランク	条件（条件達成の例）	アクションの例
A	サービスに興味がある（資料請求や問い合わせ）	電話やメールでアポ取り
B	サービスに興味はないが課題がある（ホワイトペーパーDL時のフォーム、セミナー参加時のアンケートで課題ありとの回答あり）	メールでアポ取り、資料送付、セミナー誘致などで定期的にフォロー
C	サービスに興味がなくて課題もない（ホワイトペーパーDLやセミナー参加のみ）	メールでセミナー誘致、長期フォロー

まとめ

　MAを活用してリードの状況を可視化し、優先度を付けることによって、インサイドセールスが効率よく行えます。スコアリングは、属性情報と行動情報の2軸で設計しましょう。

29

部門の連携強化に
ダッシュボードは必須

「The Model型組織」では数値を横串で見える化せよ

> 「The Model型組織」を成功させるポイントを解説します。本節で「全行程の数値を見える化する」「KPI設定のコツ」「後工程の重要性」の3つを理解して、組織全体を有効に機能させていきましょう。

近年多くのBtoB企業で採用される「The Model型組織」

『The Model（ザ・モデル）』[※1]は、現在ジャパン・クラウド・コンサルティングの代表取締役社長を務める福田康隆氏が、米Salesforce.comでの営業活動における分業体制についてまとめた書籍です。同書で述べられている、マーケティングからインサイドセールス、営業（フィールドセールス）、カスタマーサクセスまでを分業して行う組織形態のことを「The Model型組織」と呼びます。

The Model型組織は近年多くのBtoB企業で採用されていますが、そのポテンシャルを十分に引き出せているケースは少ないと筆者は感じています。The Model型組織の精度をより上げていくには、「数値を横串で見える化する」ことが何より重要です。

次ページの図に示すように、The Model型組織では前述した4つの部門ごとにKPIが設定されます［図表29-1］。うまく機能していない場合、このKPIが部門ごとのスプレッドシートなどで管理されており、マーケティングからカスタマーサクセスまで、全体の数値を俯瞰しながら一元管理することができていない印象です。

※1
『The Model（ザ・モデル）：マーケティング・インサイドセールス・営業・
カスタマーサクセスの共業プロセス』（2019年1月、翔泳社）福田康隆 著

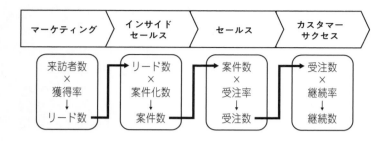

全行程の数値を俯瞰できるダッシュボードが重要

　そこで筆者は、HubSpotやSalesforceなどのSFA/CRMツール上で、The Modelの全工程の数値をダッシュボードとして可視化することで、どの工程にボトルネックがあるのかを直感的に把握できるようにすることを推奨しています〔図表29-2〕。

　The Model型組織では、マーケティングからカスタマーサクセスまで分業はしていますが、ビジネスの一連の流れはつながっています。そのため、部門単体の数値だけを見ていても、ボトルネックに気付きにくいといえます。全行程の数値を俯瞰して見ることで、ボトルネックにすばやく気付けるようになるでしょう。

Salesforceのダッシュボードの例〔図表29-2〕

当月獲得リード数	当月作成商談数	当月創出商談数	当月受注商談数(当月…)	当月受注予定商談数	当月受注商談
76	**27**	**30**	**3**	42	**10**
レポートの表示 (202009_Lead_R...	レポートの表示 (202009_Lead_R...	レポートの表示 (202009_商談_R...	レポートの表示 (202009_商談_R...	レポートの表示 (202009_商談_R...	レポートの表示 (202009_商談_R...

当月商談化率	受注率(当月創出商談)	当月受注率
36%	10%	24%
レポートの表示 (202009_Lead_...	レポートの表示 (202009_商談_Report)	レポートの表示 (202009_商談_Report)当月まで

リードソース別獲得リード／リードソース別受注率／リードソース別受注数

> リード獲得後の商談・受注数や商談・受注率を可視化している

ただし、SFA/CRMツールの活用が十分にできていないと、そもそも数値の見える化ができません。自社に知見がない場合は、外部のパートナーとの連携も視野に入れてください。例えば、株式会社セールスリクエスト〈※2〉では、手が届きやすい価格帯からダッシュボード構築支援のサービスを提供しています。

KPIは「数」だけではなく「質」の数値も追求

The Modelの全行程の数値を見える化できたら、「数」だけでなく「質」の数値も追求することを検討してください。

The Model型組織の課題としては、下図のようなケースもよく挙げられます〔図表29-3〕。これはマーケティングとインサイドセールスではリード数・商談数といったKPIの目標を達成しているものの、営業やカスタマーサクセスにおいては、受注数・継続率といったKPIが未達となっている状況を示しています。

部分最適に陥っているビジネスフロー〔図表**29-3**〕

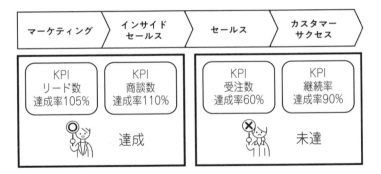

上図のようになる具体例としては、まずマーケティングはKPIであるリード数の目標を達成するため、CPAが安価なホワイトペーパーに予算を集中させます。次のインサイドセールスでは商談数の達成を狙いますが、ホワイトペーパーから生まれたリードが大半なので、アポは取れても検討段階は浅いままです。

※2　セールスリクエスト
https://www.sales-request.com/

すると、次の営業ではKPIである受注数が増えず、未達に終わります。受注数が足らなければ、その後のカスタマーサクセスがKPIとする継続率も目標達成が困難になる……といった具合です。

　こうした部分最適を打開するには、マーケティングなら「MQL」[※3]、インサイドセールスなら「SQL」[※4]といった質を求める数値を、各部門のKPIに加えるとよいでしょう〔図表29-4〕。いずれも「受注確度が高いリード」を表す用語です。

　「何をもって受注確度が高いと見なすか？」の定義は企業によって異なりますが、先ほどの例に当てはめると、マーケティングではホワイトペーパーのみに注力せず、資料請求や問い合わせも最大化していくことでMQLの達成率を上げられます。インサイドセールスでは、商談によってニーズが顕在化して2カ月以内の導入を検討していればSQLとする、といった考え方ができるでしょう。

質の数値をKPIに加えたビジネスフロー〔図表 **29-4**〕

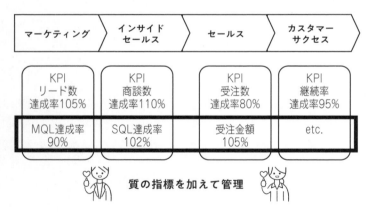

質の指標を加えて管理

The Model型組織の成功の鍵は「後工程」にある

　The Modelの全行程の数値をダッシュボードで見える化することは、各部門が共通の数値でコミュニケーションできるという副次的な効果も期待できます。自部門の目標だけに縛られると仲違いをし

※3　MQL
「Marketing Qualified Lead」の略。マーケティングが生み出した特定の条件を満たすリードをMQLとすることが多い。

※4　SQL
「Sales Qualified Lead」の略。インサイドセールスが特定の条件を満たして創出した商談やリードを指すことが多い。

てしまうケースがありますが、共通の数値と目標があれば、有意義なコミュニケーションができるのではないでしょうか?

また、The Model型組織で成果を出すには「後工程」にヒントが隠れていることが多いと筆者は考えます。この後工程とは、自部門よりもビジネスフローのあとにある部門、という意味です。

例えば、営業やカスタマーサクセスは常に顧客と接点を持っているため、顧客解像度が非常に高い状態にあります。これはマーケティングにとって貴重な材料になるだけでなく、顧客の声を生かした新機能やサービスを生み出すアイデアの源泉になるでしょう。

一方、ビジネスフローの前工程における失敗を、後工程で取り戻すことは困難です。自社商材にあわない属性の企業をマーケティングが集めてきても、その後の商談や受注にはつながりません。仮に営業が強引に受注を取ってきたとしても、カスタマーサクセスの継続率は上がらないでしょう。最初から負け戦が確定している仕事をパスされても、後工程にいる部門の士気は下がってしまいます。

マーケティングやインサイドセールスの担当者、さらには経営者など、顧客と直接関わらない立場の人こそ、後工程の担当者とのコミュニケーションが大事です。各部門での連携を密にして、ボトルネックや新たな金脈を見つけていきましょう。(二平)

> **まとめ**
>
> The Model型組織を採用するなら、全行程をSFA/CRMツールで可視化し、数と質の両方を追えるKPIを設定しましょう。そのうえで部門間の連携を密にしていきます。

30
クリエイティブは
表現より目的が先

「女性向けだからピンク」のような考え方は捨てよう

広告といえばクリエイティブが重要な要素の1つです
が、デザインを優先して、広告を通して伝えたいメッ
セージを後回しにしていませんか？ クリエイティブ
制作で最初にやることは、目的を決めることです。

広告のクリエイティブは論理的な発想に基づくことが大切

　ここまでで見てきたように、BtoBマーケティングにおける広告運
用で成果を出すには、顧客の理解やCVポイントの設計といった、媒
体の管理画面以外の要素にも目を配る必要があります。そして、も
う1つ重要な要素として「クリエイティブ」が挙げられます。

　クリエイティブには「創造的な」「独創的な」という意味があるた
め、芸術的な才能が必要と感じるかもしれません。しかし、広告や
マーケティングの世界では、単に制作物を指して使われる言葉です。
特にダイレクトレスポンス[※1]を目的とした施策では、成果を出すた
めの論理的な発想に基づいて制作することが大切です。

　それにもかかわらず、クリエイティブの議論になると表現の話題
が中心になりがちです。自分では満足のいくバナーが完成し、関係
者からのリアクションも上々。なのにビジネスの成果には、ほとん
どつながらなかった……という経験がある人もいるでしょう。これは
「デザインやクリエイティブは才能がある人が感覚的に作るもの」と
いう誤解から生じるものだと筆者は考えています。

※1　ダイレクトレスポンス
広告に興味を持った顧客に対し、製品・
サービスを直接販売する手法。

目的を見定めてから、それを後押しする表現を考える

　ネット広告のクリエイティブは「信頼感が出るように青」「女性向けだからピンク」のような考え方で制作するべきではありません。見込み客が置かれた状況や感情に共感することがまず第一にあり、そのうえで「どのような発見を見込み客に与えることで、ビジネスの成果につなげたいのか？」という目的から、キャッチコピーやクリエイティブ全体の雰囲気といった表現へ落とし込む、という順序で考えるようにしてください。

　広告で伝えるメッセージについても、競合他社を含めたポジショニング、自社のセールス体制、最も改善したい指標といったさまざまな要素から注力すべきことを見定めてから、見込み客にとっての価値になるような表現を模索していきましょう。

　もちろん、クリエイティブの表現では一定の美的感覚や、実際に手を動かす経験が必要な場合もあります。しかし、そのような領域はデザイナーなどのプロに任せられることです。

　私たちとしては、表現以上に成果を左右する「誰に何を伝えるのか？」「誰の何を解決するものなのか？」といったコミュニケーションの設計に力を入れましょう。表現の力は設計したコミュニケーションを強力にしますが、設計そのものがズレていては、成功に導くことはできないのです。（仙波）

> **まとめ**
>
> クリエイティブの制作に、見た目や雰囲気といった表現から入るのは避けましょう。目的を達成するためのコミュニケーション設計に力を注いでください。

31

広告とは
嫌われる存在である

「誰も見たくはない」という前提を忘れずに取り組む

SNSにおける広告はネガティブな印象を持たれることが多いです。それでも広告に興味を持ってもらうには、どうしたらよいのでしょうか？ クリエイティブ制作時に意識したい2つのポイントを紹介します。

魅力的なメッセージがあってこそ見てもらえる

みなさんが「広告をできるだけ見たくない」と考えているように、広告は基本的には無視され、嫌われる存在です。特にSNSでは、ユーザーは友人や応援している企業・著名人の投稿を見たいのであって、広告を見たいわけではありません。

そのような中で、自社の広告を見たユーザーに魅力的だと感じてもらい、スクロールする指を止めてもらうには、さまざまな配慮が求められます。この「魅力的」にはさまざまな考え方がありますが、BtoBにおいては「顧客の購買行動が主に課題解決に関係している」ということが重要なポイントになってきます。

よって、BtoB広告のクリエイティブでは「あなたのこのような課題が、自社の製品・サービスを利用することで、このように解決できます」というメッセージにすることが基本です。人々を感動させる特別な映像や、詩のような言葉は必要ありません。コピーライティングやデザインの特別なセンスがなくても、自社商材と顧客の理解があれば、効果的なクリエイティブは作成できるのです。

「共感」と「発見」があり、認知負荷が低い広告が理想的

　魅力的な広告と感じてもらうには、次の2点を押さえつつクリエイティブを制作することが効果的です。

①ターゲットにとって「共感」や「発見」があるメッセージ
②認知負荷が低く、自然と情報を受け取れるデザイン

　①は、広告を見た人が「これ、まさに自分のことじゃん！」と思わず共感してしまい、「こんな方法があったのか！」「確かに今のままだとまずいかも……」という発見を得られ、「もっと詳しく知りたい！」と課題に対して行動を起こすきっかけになることを目指します。良い例と悪い例を下図に示します〔図表31-1〕。

　なお、どのような情報が発見になるかは、次節で解説する課題の認識段階におけるフレームワークを参考にすると整理しやすくなるでしょう。

メッセージの良い例と悪い例〔図表 31-1〕

良い例　　　　　　　　悪い例

ターゲットの共感を
コピーで引き出して
いる

それっぽいコピー
だが共感にはつな
がらない

②の「認知負荷が低く、自然と情報を受け取れるデザイン」では、情報量を絞り込むことが大切です。多くのマーケティング担当者は「苦労して作り上げた広告だから、隅々まで読んでもらえるだろう」という期待を持ちがちですが、そのようなことはまずありません。

多くの情報をクリエイティブに盛り込んでも、実際には、さらに無視されやすくなります。下図の良い例と悪い例も参考にしてください〔図表31-2〕。自然と情報が入ってくるデザインやレイアウト、注目を引く視覚的なテクニックについては以降の節で述べます。

何となく小気味よいだけのキャッチコピーが書いてあったり、情報がゴチャゴチャしていて要点が分からなかったりする見た目では、魅力がなく、無視される広告になってしまいます。広告費をムダにしないよう、この2点を常に意識しておいてください。（仙波）

認知負荷の良い例と悪い例〔図表31-2〕

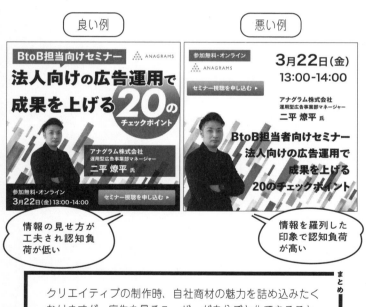

まとめ

クリエイティブの制作時、自社商材の魅力を詰め込みたくなりますが、広告を見るユーザーが自分ごと化できること、認知負荷を減らすことの2点を頭に入れておきましょう。

32

課題感を刺激する
メッセージが刺さる

顧客の認識段階ごとにクリエイティブを制作する

> クリエイティブを制作するに当たり、顧客の認識段階を明確にしてみましょう。例えば、課題に気付いていない人と課題を認識している人では、クリエイティブで伝えるべきメッセージは異なります。

「顧客が課題や自社商材をどう認識しているか？」を想像する

BtoB広告のクリエイティブを制作する過程において、顧客のイメージを描くことは非常に重要です。ここでいうイメージとは「○○を求めている人」や「人事」のようなターゲット像ではなく、「顧客が、今抱えている課題に対して、自社の製品・サービスをどう認識しているか？」という視点で考えます。

この認識段階を明確にすることで、より適切で効果的なメッセージを考えられるようになります。顧客が持つ課題の認識段階は、大きく次の6つに分けられます。

Lv.1　　課題に気付いていない

Lv.2　　課題に気付いているが、何もしない

Lv.3　　課題を自力で解決しようとしている

Lv.4　　課題に対して異なる製品カテゴリを想起する

Lv.5　　課題に対して自社製品カテゴリの競合を想起する

Lv.6　　課題に対して自社製品を想起する

認識段階によって必要なコミュニケーションが異なる

そして、顧客の認識段階ごとに、クリエイティブで訴求すべきメッセージは異なります〔図表32-1〕。1つずつ見ていきましょう。

レベル1は、顧客が課題そのものをまだ認識していない段階です。顧客に課題の存在を意識させることが重要になります。

レベル2は、課題を認識しているが、何も行動を起こしていない段階です。課題に対処することのメリットや緊急性、対処しないことのデメリットを訴えるコミュニケーションが有効になります。

レベル3は、顧客が課題を自力で解決しようとしている段階です。自力解決の難しさを伝えつつ、自社商材がどのように顧客の取り組みをサポートでき、効率化や改善に寄与するかをアピールします。

レベル4は、顧客が課題解決のために自社とは別のカテゴリの製品を想起している段階です。自社商材が、ほかのカテゴリの製品よりも優れている理由を強調しましょう。

レベル5は、顧客が課題解決のために自社と同じカテゴリの他社商材を検討している段階です。自社商材のユニークな利点や、競合他社との差別化ポイントを前面に出す必要があります。

レベル6は、顧客が課題解決のために自社商材を想起している段階です。ここではクリエイティブよりも、自社名のキーワードで検索広告を出稿している競合他社へ気移りしないような対処や、スムーズに問い合わせなどができるサイト上の導線が重要です。

認識段階と必要なコミュニケーション〔図表32-1〕

認識段階	顧客の状態	必要なコミュニケーション
Lv.1	課題に気付いていない	課題に気付かせる
Lv.2	課題に気付いているが、何もしない	「コスト＜リターン」になるように行動するメリット、行動しないデメリットを伝える
Lv.3	課題を自力で解決しようとしている	自力で解決する難しさ、非効率さを伝える
Lv.4	課題に対して異なる製品カテゴリを想起する	自社製品カテゴリの存在に気付いてもらう、併用を促す
Lv.5	課題に対して自社製品カテゴリの競合を想起する	製品カテゴリ内での自社の特長・強みをアピールする
Lv.6	課題に対して自社製品を想起する	行動のハードルを取り除く（主に検索）

認識段階を意識することで顧客目線のクリエイティブになる

　ある人には難解だったり説明不足だったりする情報も、別の人には自分の課題を簡潔かつ的確に捉えていて、信頼できるものに映るかもしれません。反対に、ある人には自明で退屈な情報でも、別の人には目からウロコということもあります。

　つまり、クリエイティブが魅力的になっているかを判断するには、前提として、ターゲット像を認識段階ごとに分けることが欠かせないということです。認識段階にあわせたコミュニケーションを意識することではじめて、「どのような情報が求められているか？」「どのような表現であれば伝わるか？」といったことを、顧客の目線で自然に考えられるようになります。

　ペルソナの作成やカスタマージャーニーの詳細な分析よりも手軽に行えるこのアプローチは、クリエイティブ制作時にも大変役立ちます。巻頭の「BtoBバナー事例集」では、各バナーが想定している認識段階も記載しているので参考にしてください。(仙波)

具体的なターゲット像を考えても、顧客が課題を認識していなかったら伝わらないよ

> **まとめ**
> 顧客はターゲット像ではなく、課題の認識段階でイメージしましょう。認識段階ごとにメッセージを使い分けることで、顧客にとって魅力的な広告になります。

33

LPはファーストビューで勝負が決まる

「誰のどのような課題を解決するのか?」を明確に

> BtoBでは競合他社と比較・検討されたうえで購入が行われます。そのため、自社商材を選んでもらうためにできることの1つに「LPのファーストビューで、課題の具体的な解決策を示す」ことがあります。

競合がいることを前提に、自社ならではの解決策を示す

BtoBにおける顧客の行動は、主に課題解決が目的です。この点を考慮すれば、LPのファーストビューでは「自社の製品・サービスが解決できる具体的な課題と、その対象者を明確に提示する」ことが重要であると分かります。

当然のことをいっているようですが、競合他社と比較されたうえで選んでもらうことを考えると、意外と簡単ではありません。

自社の製品・サービスが唯一無二の画期的なものであれば、競合を意識する必要はないでしょう。しかし、BtoBでは特定の悩みや課題の解決策として比較検討されることが多いため、「自社商材がなぜ最適な解決策なのか?」を明確に提示できなければ、競合に顧客を奪われるリスクが高まります。

また、顧客は自身の課題がどのように解決されるのかを早く知りたがっています。多くは勤務中に、ある程度の真剣さを持って見ているため、LPのファーストビューで課題の具体的な解決策が提示されていなければ、時間のムダだと感じさせてしまうでしょう。

自社商材の説明に留まるキャッチコピーはNG

LPのファーストビューでは「新卒採用なら○○」「コスト削減なら○○」といったキャッチコピーを見かけることがよくあります。しかし、これでは自社の製品・サービスの説明に留まっており、顧客が直面している具体的な課題の解決手段までは明示できていないため、効果が薄れがちです。

競合他社と比較される前提で、次の3つの条件が当てはまるバリュープロポジション (P.61) を見つけて、なるべく顧客に伝わりやすい表現をテストすることを心掛けてください。

- 自社が提供できる価値
- 顧客が求める価値
- 競合他社が提供できない価値

なお、自社が提供できる価値を超えた訴求をしてしまうことは、リードを獲得できたとしても、その後の商談以降のフェーズを考慮すると適切ではないことに注意してください。

画像は課題への共感や改善効果を連想させるものを選ぶ

LPではキャッチコピーのほか、画像の選択にも注意が必要です。これもよく見るケースですが、単に笑顔の人物が映っているだけの画像は、自社商材の価値を伝えるうえで効果が限定的です。

また、タレントを起用したプロモーションを行っている場合、タレントの画像を掲載する前後で、CVRが落ちていないかにも注意してください。

指名検索(※1)での流入であれば、ほかのチャネルでタレントの広告などを見た前提となるため、イメージが一貫する効果はあるかもしれません。しかし、一般キーワードでの検索やSNS広告からの流入では、これまでに述べた顧客の課題解決にフォーカスしたクリエイティブやLPのほうが成果がよいことも少なくありません。

LPのファーストビューには、課題への共感を誘うイメージ、何ら

広告運用の準備

※1 指名検索
企業名や製品・サービス名、ブランド名
などによる検索のこと。

131

かの改善効果を図解したもの、製品・サービスの利用イメージなど、キャッチコピー＋画像の組み合わせで、パッと見てすぐに興味を持ってもらえる組み合わせを追求しましょう。「誰のどのような課題を解決するのか？」を明確に提示したファーストビューの例を下図に示します〔図表33-1〕。（仙波）

解決する課題が明確なＬＰの例〔図表 **33-1**〕

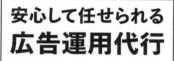

広告運用の課題解決を自社の強みとあわせて提案している

動画制作の課題解決を顧客のメリットとあわせて提案している

> **まとめ**
> ＬＰのファーストビューでは、自社商材の導入によって解決できる課題がすぐに分かることが重要です。競合他社と比較されることを前提に、自社独自の価値を含めてください。

34

LPOは成果に直結する
部分に集中せよ

確実に目に触れるキャッチコピーのテストが最優先

LPにおいて、広告媒体の管理画面やクリエイティブ
での改善が難しい場合は、LPO（ランディングページ最適化）
も視野に入れましょう。テスト期間の目安や検証の順
番など、成功させるコツを紹介します。

管理画面やクリエイティブの改善に行き詰まったときに検討

LPO（Landing Page Optimization）は「ランディングページ最適化」の略で、
LPのコンテンツを変更したり、要素の配置を入れ替えたりすること
によって、ユーザーのアクションを促す施策です。広告媒体の管理
画面で行える調整やテコ入れが頭打ちになり、クリエイティブのテ
ストでも抜本的な改善が難しい場合は、LPOに取り組むことも視野
に入れたいフェーズとなります。

具体的な進め方としては、コンテンツを差し替える、順番を入れ
替えるなどのA/Bテストを実施しながら、CVRの向上を図っていく
のが基本です。テストパターンが勝った場合は正式にLPに反映させ、
さらにテストを積み重ねていきます〔図表 **34-1**〕。

LPOはかなり自由度の高い施策であるため、現状のLPに課題が多
ければ多いほど、たくさんのテストを試したくなるかもしれません。
しかし、ある期間で実施できるテストの回数には限りがあり、短す
ぎる期間、あるいは少なすぎるデータ量でテストを行っても、統計
的な信頼性が不足するため、意味のある結果になりません。

また、複数の要素を同時に変更する多変量テストを強行してしまうと、結局何がよかったのかが曖昧になることもあり、意思決定を誤るリスクが増してしまいます。テストの期間・回数の目安は、多くても1週間に1件程度に抑えましょう。

LPOの例〔図表**34-1**〕

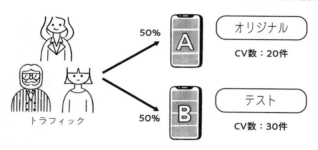

オリジナル
CV数：20件

テスト
CV数：30件

トラフィック
50%
50%

ファーストビューやコールトゥアクションの検証から着手

　LPOは原則として、成果に大きな影響を与える要素から優先して実施していきます。ページ下部にある到達率の低いコンテンツよりも、確実に目に触れるファーストビュー、特にキャッチコピーのテストを優先して行ってください。

　広告におけるクリエイティブの役割は、自社の製品・サービスに興味を持ってもらうことですが、広告への接触後に訪問するLPの役割は、その興味を持続させ、不安を払拭し、行動のハードルを取り除くことにあります。到達率の低いコンテンツがあったとしても、読み進める動機付けがあれば結果的に解消が見込めます。

　次に優先度が高いのが、問い合わせボタンなどのコールトゥアクション（※1）です。LPの中では小さい要素なので、一見すると優先度が低く見えますが、問い合わせやセミナーの申し込みなどの意思があるユーザーなら、必ず目にする場所となります。

　コールトゥアクションがイマイチだと、せっかく上がったモチベーションを下げてしまうこともあり得ます。しっかり目立つようなデザインに作り変えたり、掲載する頻度を増やしたりといった調整を試

※1　コールトゥアクション
「CTA」（Call To Action）とも表記し、直訳すると「行動喚起」。
Webサイトの訪問者をとってもらいたい行動に誘導することを
指し、多くはボタンやリンクとして表示される。

してみましょう。

　ボタンやリンクに記載されている文言（マイクロコピー）による差異も、意外と侮れません。「問い合わせ」といった無機質なボタンでも機能は果たせますが、例えば「1分で完了！　まずはプロに相談してみる」といった文言にすると、面倒くささを払拭しつつ、これからの未来を想像させるような効果が期待できます〔図表34-2〕。

コールトゥアクションの例〔図表**34-2**〕

＼1分で完了！／

問い合わせ　➡　まずはプロに相談してみる

見落としがちなコンテンツの順番も意識する

　最後に、コンテンツの追加・削除、掲載位置の入れ替えを試していきます。ファーストビューのテストによって、どのような情報の切り口が見込み客に求められているかの仮説検証ができていれば、あとに続くコンテンツがどうあるべきか、テスト前よりも精度の高いアイデアを出すことができるでしょう。

　LPの内容はCVRのみならず、その後の商談化率や受注率にも影響してきます。広告媒体の管理画面以外から得られる情報も参照しながら、繰り返しテストを実施していきましょう。（仙波）

> **まとめ**
>
> LPOは成果への影響が大きい要素から実施するのが鉄則です。ファーストビューのキャッチコピー、コールトゥアクション、コンテンツの配置の順に取り組みましょう。

35

LPの見せ方は CVポイントで変わる

訪問者のモチベーションにあわせた接客を意識する

> 伝えたいことがたくさんあるからと、LPの情報量を
> 増やすのは危険です。検討段階の初期に当たるLPは
> 情報量を少なめに、検討段階の中期以降のLPでは情
> 報量を多くすることを意識してください。

検討段階が深いCVポイントでは情報量を多めに

　本章の冒頭で見てきたように、BtoBマーケティングにおけるCVポ
イントは複数あります。そして、CVポイントが異なれば、適切なLP
のパターンも異なってきます。

　ここで考えるべきなのは、広告コミュニケーションの原則である
「行動で得られるメリットが、行動のためのコストを上回っている必
要がある」という点です。そのため、顧客の検討段階にあわせて、LP
の情報量を調整していきましょう。

　例えば問い合わせの場合、リードの検討段階が深く、行動のハー
ドルが高いCVポイントになります。よって、LPでは「問い合わせを
することが、あなたにとって最善の選択肢である」ことを多くのコン
テンツで伝えつつ、その後の商談に向けたモチベーションを高める
ことが有効です。

　逆に、LPの情報量が不足していると、あと一歩で踏ん切りがつか
ず競合他社に流れてしまったり、情報不足によるミスマッチから商
談後のステップが進みにくくなったりする恐れがあります。

検討段階が浅いCVポイントでは行動を阻害しない内容に

　一方、CVポイントがホワイトペーパーの場合、LPで長々と説明する必要はありません。ダウンロードフォームをページ上部に設置し、ユーザーがスムーズに行動できるようにすべきです。

　なぜなら、リードの検討段階が浅いため、多くのコンテンツを読み進めてまでフォームを送信するモチベーションはないからです。「役に立ちそう」「面白そう」という軽いきっかけでも行動に移してもらえるため、それを阻害しないようなLPが適しています。

　CVポイントがセミナーの場合、特定の時間に予定を空けて参加する必要があるため、ホワイトペーパーよりも行動のハードルが高くなります。登壇者の経歴やタイムテーブルなど、参加する意義を感じさせる情報はもちろん、参加方法や開催日時などを分かりやすく掲載し、行動のハードルを取り除くことが重要です。

　CVポイントが無料トライアルの場合、リードには製品・サービスを使ってみるなどの行動を起こすことが求められます。利便性やビジネスへの影響を伝えるだけでなく、具体的な利用フローの提示やトライアル開始までのステップを短縮するなど、セミナーと同じく行動のハードルを下げる工夫が必要になるでしょう。

　Web上での接客は無人で行われるため、「いかに先回りした接客ができるか？」がポイントです。LPを訪問する人のモチベーションを想像し、それにあわせたコンテンツを用意しましょう。(仙波)

まとめ

情報量が多い＝よいLPとは限りません。CVポイントによってリードの熱量は異なるため、無理なくアクションを起こしてもらえるようにLPを設計してください。

2

広告運用の準備

36

モバイル最適化は BtoBでも大事

Meta広告からの流入ユーザーはスマホでLPを見る

> BtoBに関するLPは基本的にPCで見られることが多いです。しかし、Meta広告などからの流入はスマホの割合が多くなります。「BtoB向けのLPだから、PCで見るだろう」という考え方は危険です。

「怪しいサイト」と思われては重大な機会損失

　BtoB関連のWebサイトは、勤務中のビジネスパーソンが業務の課題解決を求めて訪問するため、PCからのアクセスが多い傾向にあります。しかし、オンライン施策の効果を高めるうえで、LPのモバイル最適化に注力することは非常に重要です。

　ビジネスパーソンであってもFacebookやInstagramといったSNSを利用しており、それらに配信するMeta広告からの流入は多くの場合、スマホの利用中に起こります。しかも、Meta広告からLPにやってきたユーザーは、検索エンジン経由の訪問者とは異なり、その時点では強い目的意識を持っていません。LPが次のような状況だと、高い確率で離脱につながってしまうでしょう。

- ファーストビューの情報が曖昧で、じっくり見る動機付けがない
- 画像などの読み込みが遅く、表示されるまでに時間がかかる
- レイアウトの崩れなどがあり、不審感を抱いてしまう
- エントリーフォームなどが小さく、うまく操作できない

ファーストビューの情報量と表示速度に注意する

　PCではファーストビューにある重要な情報がモバイルでは抜け落ちていないか、フォームの使い勝手が損なわれていないかなど、スマホでの定期的なLPのチェックを忘れないようにしてください。実機での確認がベストですが、Chromeのデベロッパーツール〈※1〉を使えばPCでもモバイルの環境を再現できます〔図表36-1〕。

　また、スマホではWi-Fiに接続しているとは限らないため、画像のファイルサイズが大きすぎる、不要な計測ツールのタグが大量に残っているなど、読み込み速度に悪影響を及ぼす要因はなるべく排除しておきたいものです。「PageSpeed Insights」〈※2〉では表示速度のチェックと軽量化の診断ができるので、デザイナーやエンジニアの協力も得ながら対応してください。（仙波）

Chromeのデベロッパーツール〔図表36-1〕

モバイルで表示したLPを
PCで再現できる

検索広告経由の場合、LPはPCで閲覧されることが多いですが、Meta広告の場合はスマホが普通です。クリティカルな不具合がないように定期的にチェックしましょう。

※1　Chromeのデベロッパーツール
異なる環境での表示確認やタグの検証などができる機能。[F12] キー、または [Ctrl] + [Shift] + [I] キーで起動できる。

※2　PageSpeed Insights
Googleが提供するWebサイトのパフォーマンス最適化ツール。
https://pagespeed.web.dev/?hl=ja

37

クリエイティブは
質より量

バリエーションが少ないと特定の人にしか届かない

人によって好意的に感じる広告表現は異なります。そ
のため、クリエイティブはバリエーションの多さで勝
負しましょう。ポイントは、広告の目的は変えずに表
現を変えることです。特にMeta広告で有効です。

「広告の何に魅力を感じるか」は人それぞれ

　ネット広告のクリエイティブにおいて、とっておきの1案だけで勝負するのは、あまり得策ではありません。「質より量」を追求したほうが効果的なことが多く、特にMeta広告では顕著です。

　これは、どのような表現のクリエイティブに反応するかは、人によって異なるためです。例えば、ある人は見栄えが整ったプロ感のあるデザインに信頼を寄せて、広告をタップするかもしれません。しかし、別の人は整ったデザインの広告は怪しいと感じ、警戒心を抱いて無視するかもしれません。

　整った広告を嫌う人でも、一般の人が投稿しているような、少し崩した表現であれば情報を受け取ることもあります。静止画ではなく動画の広告だと、つい見てしまうという人もいるでしょう。

　クリエイティブのバリエーションが少ない場合、ターゲットの中でも特定のユーザーにしか届かなくなり、機会損失を招くリスクが高まります。同じ訴求であっても、多様な表現のクリエイティブを展開することで、より多くのコンバージョンの獲得が期待できます。

1つの訴求軸を多様な表現でテストする

　Meta広告では、わずかなクリエイティブの変更が成果に大きな影響を及ぼすことがあります。とはいえ「この訴求は当たらなかったから考え直さなくては……」とすぐに見限ってしまっては、あっという間に打ち手がなくなってしまいます。

　1つの訴求内容に対して、数種類程度のデザインだけでテストするのでは不十分です。さらに多くの表現を試してみましょう。訴求軸を新しく開拓することに比べれば、同じ訴求でクリエイティブのバリエーションを複数展開することは難しくないはずです。

　また、クリエイティブの多様化は広告の新鮮さを維持し、ユーザーの関心を引き続けるのにも役立ちます。同じクリエイティブを繰り返し表示していると、ユーザーが飽きてしまう可能性があります。異なるクリエイティブを展開することで、広告に対するユーザーの好奇心を刺激してエンゲージメントを高められるでしょう。

　ただし、クリエイティブを多様化させるといっても、「誰に何を伝えるのか？」という根幹部分まで無計画に変更してしまわないように注意してください。「どのように伝えるのか？」の部分だけをさまざまな表現やフォーマットで試すことで、広告の効果を最大化し、より多くのユーザーに届けることが可能になります。

　たくさんのクリエイティブを制作するのがリソース面で難しい場合は、静止画の正方形のみで構いません。サイズを網羅するリソースを浮かせた分で、表現の数を重視していきましょう。（仙波）

> **まとめ**
>
> 広告のクリエイティブは複数準備し、多様化させましょう。人によって魅力的な表現は異なるほか、同じ広告はユーザーに飽きられてしまいます。

2

広告運用の準備

141

38

同じ企画でも切り口は複数ある

ホワイトペーパーやセミナーで多様な広告を試す

前節でクリエイティブはバリエーションの多さが重要であると述べました。これはホワイトペーパーやセミナーのように、企画を高頻度で考えることが難しいCVポイントでも同様のことがいえます。

1つの企画につき1種類のクリエイティブでは成果が出にくい

ホワイトペーパーやセミナーは、ネット広告を活用したリード獲得効果が非常に高いCVポイントです。しかし、企画・制作、実行のためのリソースが当然必要なので、次々に新しいホワイトペーパーやセミナーを追加していくのは難しいこともあります。

前節で述べたように、広告で成果を出すには、1つの訴求軸に対してさまざまな表現を試みることが重要です。そのため、ホワイトペーパーやセミナーの企画1つにつき、1種類のクリエイティブだけでは成果を出す難易度が上がってしまいます。

そこで、同じ企画でも切り口や視点を変えて、多様なクリエイティブを試すことをおすすめします。例えば『BtoB向け 広告運用で成果を上げる20のチェックポイント』というタイトルのセミナーを自社で開催予定だとしましょう。

最初に制作するクリエイティブのキャッチコピーは、セミナーのタイトルにあわせたものになるでしょう。しかし、切り口を変えることで次ページのようなバリエーションを持たせられます〔図表**38-1**〕。

BtoB向け
広告運用で成果を上げる
20のチェックポイント

BtoB広告のプロ直伝！
20の成功法則

P-MAX、ASC、
自動化時代にどう立ち回る？
BtoB広告の
最新トレンド20

BtoB向け
広告運用の成果を
落としてしまう
20の落とし穴

クリエイティブのテストは次の企画にも役立つ

　上図の例では、タイトルに権威性を盛り込んだり、ポジティブとネガティブを入れ替えたり、ターゲットとなる人々が持つ共通言語を加えたりといった発想で、もとのセミナーの企画を大きく変化させずにキャッチコピーの幅を広げています。

　このようにクリエイティブのバリエーションが増えることで、1種類だけで勝負するよりも成果が出やすくなるだけでなく、どのようなタイトルだと反響がよいのかをテストすることもできます。さまざまなキャッチコピーを大胆に試していきながら、新しいホワイトペーパーやセミナーの企画に反映していきましょう。（仙波）

> **まとめ**
>
> ホワイトペーパーやセミナーの広告は、1つの企画でも複数の切り口からバリエーションが作れます。反響がよいキャッチコピーが分かると、企画案のアイデアにもつながります。

39
認知負荷が低い
レイアウトが最良
基本として「Z型」「F型」「N型」を押さえておく

> クリエイティブをデザインするときには、パッと見た
> ときに違和感がなく、認知負荷が低いデザインになる
> ように意識しましょう。基本のパターンを前提に、興
> 味のある情報を最初に配置することが鉄則です。

広告クリエイティブに視線誘導の法則を取り入れる

　魅力的な広告の条件の1つに「認知負荷が低い」ことが挙げられます。いかに素晴らしいキャッチコピーでも、パッと見て頭に入ってこないデザインやレイアウトではそもそも読んでもらえません。

　自然に情報が入ってくる認知負荷の低いレイアウトにはいくつかのパターンが存在し、視線誘導の法則を活用しています。基本型として「Z型」「F型」「N型」などがあり、これらを適切に取り入れると失敗しにくいでしょう〔図表39-1〕。

自然な視線の流れに沿って、適切な順番で情報を配置

　また、バナーなどのクリエイティブに掲載する情報は、視線の流れに沿って、次の順番で配置していくことをおすすめします。

①興味を持つための情報

②興味を持った人が次に気になる要素や補完情報

③行動を促すフレーズやコールトゥアクション

　視線の始点には、メインとなるキャッチコピーや課題を自分ごと化してもらうための呼びかけを配置します。そして、終点には行動を促すフレーズやコールトゥアクションを配置するのが鉄板です。

　バナーは文章ではないので、情報をどこに配置するかは自由ですが、自然な視線の流れに沿って頭の中で読み上げたときに、違和感のない順序で情報が入ってくるようにしましょう。

　広告である以上、クリエイティブにオリジナリティは必要です。しかし、そのオリジナリティは変則的なデザインやレイアウトで創出するのではなく、自社ならではのメッセージ性で発揮できるようにしたいものです。（仙波）

まとめ

クリエイティブでは認知負荷の低いレイアウトを心がけてください。また、興味を持つための情報は最初に、行動を促すコールトゥアクションは視線の終点に配置しましょう。

40

「直接呼びかける」は単純だけど効く

つい注目してしまう視覚的なテクニックを活用する

本書を通して、ネット広告におけるBtoBターゲティング機能の重要性や活用法を述べています。ただし、それに頼りすぎるのではなく、クリエイティブで直接ターゲットに呼びかける工夫も必要です。

特定の業種や役職の人にクリエイティブで呼びかける

　Meta広告をはじめ、近年のネット広告媒体は高精度なBtoBターゲティングの機能を備えているのが特徴となっていますが、過信しすぎるのも考え物です。なぜなら、Facebookなどのユーザーの多くは、自分の年齢や性別については正確に登録している一方で、勤務先や役職などは、あまり積極的に登録していないからです。

　広告媒体の管理画面で実際にターゲティングを設定すると、リーチ可能なオーディエンス数が大幅に減ってしまう場合があります。そのような場合は、クリエイティブで「直接呼びかける」手法を試してみましょう。例えば「人事必見」「社長のための」といったフレーズを目立つように配置することで、特定の業種や役職のユーザーに対して効率的にアプローチできます〔図表40-1〕。

　単純な手法ですが、対象者が自然に絞り込まれるクリエイティブにすることで、媒体側での配信調整により、関心の高いユーザーに広告が優先的に表示されることも期待できます。さらに、業種や役職を細かく指定した場合に生じるターゲットの枯渇も防げます。

「BtoB担当者向け」と
直接呼びかけている

表現に困ったときに使える3つのテクニック

単純ながら、つい注目してしまう視覚的なテクニックとしては、ほかにも次のようなものが挙げられます。

- 文字を縦書きにする
- イヌやネコの画像を使用する
- 既存のバナーに少しだけ動きをつけて動画形式にする

これらは抜本的な改善策ではありませんが、クリエイティブのアイデアに行き詰まったときの一時しのぎとして効果を発揮するでしょう。お手軽に視覚的なインパクトを高められ、広告の訴求力を向上させることが期待できます。具体例は事例集をご覧ください。

（仙波）

> まとめ
> BtoBターゲティングの機能はもちろん最大限に活用すべきですが、クリエイティブで直接呼びかけて業種や役職を絞り込む手法も、並行して取り入れるようにしてください。

41

媒体の優先順位を決める3つの基準

BtoBターゲティング、情報量、ユーザー数に注目する

> 広告種別ごとの優先順位を把握しましょう。特に優先したいのが検索広告で、次がMeta広告とディスプレイ広告になります。この3つは以降の章でも詳しく解説するので、なぜ優先すべきかを理解してください。

検索広告を起点とし、さらに広げていくときの基準を知る

本章では、BtoB向けのネット広告運用を始める準備段階において、知っておいてほしいノウハウを紹介してきました。それらを踏まえて広告種別ごとの優先度をまとめると、次ページの図のように表すことができます〔図表41-1〕。

最優先となるのは、すでに課題を認識している顕在層にアプローチできる検索広告で、具体的な媒体としてはGoogle広告やYahoo!広告になります。指名検索、または自社商材に関連したカテゴリーキーワードで検索するユーザーにアプローチしていきます。

次いで準顕在層・潜在層(※1)が対象となるSNS・ディスプレイ広告となりますが、この中にはMeta広告をはじめ、多数の広告媒体が含まれます。具体的な媒体選定は次の3つの基準で進めてください。

①BtoBターゲティング機能

②クリエイティブの情報量

③ユーザー数

※1　潜在層
悩みや課題を認識しながらも、解決に向けた行動を
起こしていないユーザーのこと。

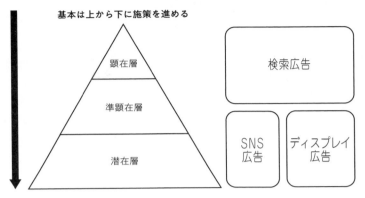

基本は上から下に施策を進める

- 顕在層
- 準顕在層
- 潜在層

検索広告

SNS広告

ディスプレイ広告

BtoBターゲティングはMeta広告とLinkedIn広告が強力

BtoBはBtoCと比べて対象顧客が少なく、ピンポイントなターゲティングが求められます。そのため、BtoBターゲティングができる媒体から優先的に取り組みましょう。

特に優先順位が高いのがMeta広告（Facebook/Instagram広告）で、管理画面から簡単にターゲティングを設定できます。LinkedIn広告では業種や部門、規模といった詳細なターゲティングが可能です。

一方、LINE広告やTikTok広告は、本書執筆時点ではBtoBターゲティングのシグナルが少なく、精度の面で不安があります。現時点での優先順位は下がりますが、いずれもユーザーが多い媒体であるため、将来的にはBtoBでも攻略していく必要があるでしょう。

クリエイティブの情報量はMeta広告のカルーセルが優秀

BtoBでは複雑な製品・サービスが多いため、ある程度の説明がないとコンバージョンしにくいケースが多くなります。そのため、クリエイティブの情報量が多い媒体も優先順位が高くなります。

例えば、Meta広告の「カルーセル」（※2）というフォーマットは、1つのクリエイティブが複数の画像で構成されており、多くの情報を伝えられます。LPを別途用意しなくても、Facebook内でホワイトペーパーやセミナーのCVを狙うことも可能です。

※2　カルーセル
複数の画像・動画で構成され、左右にスワイプして切り替えられるユーザーインターフェースのこと。Webサイトやネット広告で用いられる。本来は「回転木馬」の意味。

ユーザー数についてはLINE広告が圧倒的

BtoBにおける優先順位は3番目になりますが、ユーザー数が多い媒体はそれだけ多くの人にリーチできるため、当然重要です。

主要SNSでは、日本においてユーザー数が最も多いのはLINEで、月間利用者数は9,500万人にも上ります (2023年3月時点)。それに次いでYouTube、X、Instagram、Facebook、TikTok、LinkedInという規模感になるはずです。総務省の「情報通信メディアの利用時間と情報行動に関する調査」(※3)では、年代ごとの主要SNSの利用率が報告されており、参考になるでしょう。

以上の内容をまとめると、各媒体の優先度は下表のようになります〔図表**41-2**〕。ただし、広告媒体は日々進化しているため、「この媒体はダメだったから今後は取り組まない」という姿勢は、機会損失につながる可能性が高いです。運用やクリエイティブを磨きつつ、複数の媒体にチャレンジしていきましょう。(二平)

BtoB広告における各媒体の優先度〔図表 **41-2**〕

媒体	優先度	ターゲティング	情報量	ユーザー数
検索広告	最高	◎	△	○
Meta広告		◎	◎	○
ディスプレイ広告	高	○	△	◎
デマンドジェネレーションキャンペーン		◎	○	◎
X（旧Twitter）広告		○	◎	○
LinkedIn広告		◎	◎	△
YouTube広告		◎	○	◎
LINE広告	中	△	△	◎
TikTok広告		△	○	○
DSP広告	低	△	△	○
ネイティブ広告		△	△	○

> **まとめ**
>
> どの媒体で広告を配信するかは、BtoBターゲティングの有無、クリエイティブの情報量、ユーザー数の3つの軸で優先度を把握していきましょう。

※3 情報通信メディアの利用時間と情報行動に関する調査
https://www.soumu.go.jp/iicp/research/results/media_usage-time.html

3

検索広告

顧客にならないノイズの消去が出発点

42

BtoBで検索広告が重要な3つの理由

自ら情報収集している人を狙うからこそ成果が出やすい

> ユーザーが検索エンジンに入力したキーワードに連動して広告を表示する検索広告は、BtoBで特に注力したい施策です。なぜ効果が出やすく商談や受注につながりやすいのか、その理由をおさらいしましょう。

約90%のBtoB企業が情報収集に活用している

BtoBマーケティングにおいて、検索広告が重要なチャネルとして挙げられる理由を整理しておきます。次ページの図に示すように、大きく3つの理由にまとめることができます〔図表**42-1**〕。

1つ目は「利用率が高い」です。Googleの調査〈※1〉によれば、「検索」は約90%のBtoB企業が情報収集に活用しているチャネルだとされています。みなさんもビジネスでの情報収集では、必ずといってよいほど検索をするのではないかと思います。

2つ目は「すぐに結果が出やすい」です。「CRM導入」「CRMおすすめ」といったキーワードで検索している人は、すでに課題を認識している顕在層であり、そのような人々に向けて広告を配信すればコンバージョンを得やすくなります。

3つ目は「商談や受注につながりやすい」です。検索広告は、自ら検索を行って情報収集している意欲の高い人に向けて配信されます。移動中や休憩時にSNS広告やディスプレイ広告を見かけた人よりも、商談や受注につながる可能性は高くなります。

※1　Googleの調査（英語）
https://www.thinkwithgoogle.com/consumer-insights/
consumer-trends/the-changing-face-b2b-marketing/

利用率が高い

結果が出やすい

商談や受注に
つながりやすい

検索数が少ない商材では優先度が変わってくる

　筆者の経験においても、ほとんどのビジネスで検索広告のほうが商談化率や受注率が高くなります。指名検索での成果が高くなるのは当然ですが、「CRM導入」などの一般キーワードからの流入でも、SNS広告やディスプレイ広告よりも高くなる傾向がありました。

　ただし、検索広告には「検索されないと配信できない」という弱点があります。また、SNS広告やディスプレイ広告ほど、ターゲティング設定が柔軟ではないという特性もあります。

　Chapter 1でも述べた通り (P.37)、検索数が少ない商材であればSNS広告やディスプレイ広告のほうが優先度が高くなるケースもあります。基本的には検索広告を重視しつつも、商材タイプにあわせて取り組んでいきましょう。(二平)

3

検索広告

> **まとめ**
> BtoBで検索広告に注力したい理由に「利用率が高い」「すぐに結果が出やすい」「商談や受注につながりやすい」があります。次節以降で検索広告について学んでいきましょう。

43
最初の検索広告は
Google一択

圧倒的なユーザー数と運用・転用のしやすさを生かす

検索広告をこれから始めるなら、最初はGoogle広告がおすすめです。Yahoo!広告やMicrosoft広告もBtoBと相性がよいので、Google広告の運用が安定したら、並行して取り組んでみてください。

Google、Yahoo!、Bingの特徴を理解して運用する

検索広告の主な媒体には、Google広告、Yahoo!広告、Microsoft広告（Bing広告）の3つがあります。将来的にはすべての媒体に取り組むことをおすすめしますが、最初はGoogle広告に注力しましょう。理由は次の3つにまとめられます。

- ユーザー数が最も多い
- 運用難易度が低く、機械学習の精度が優秀
- Yahoo!広告とMicrosoft広告への転用が可能

最初から全部の媒体に
チャレンジするのは大変だよね

Statcounter Global Statsの調査⟨※1⟩によると、本書執筆時点におけ
る検索エンジンのシェアはGoogleが約78%、Yahoo!が約13%、Bing
が約8%となっています。Googleは「ユーザー数が最も多い」という
点で、圧倒的な差をつけていることが分かります。

また、Google広告は3つの中でも管理画面が見やすく、広告運用
に慣れていない人でも始めやすい媒体です。近年では自動入札や部
分一致といったターゲティングの精度が上がっているほか、指定し
たLPからキーワードを洗い出したり、広告文を自動生成したりする
機能も登場しています。それらが2つ目の理由「運用難易度が低く、
機械学習の精度が優秀」に当たります。

Google広告のキーワードや広告文を他媒体に転用できる

3つ目の理由「Yahoo!広告とMicrosoft広告への転用が可能」は、
キーワードや広告文のインポート機能を指しています。Microsoft広
告にはGoogle広告との同期機能があり、数ステップでインポートが
完了します〔図表43-1〕。

ほかにも、筆者が所属するアナグラムでは、Google広告から
Yahoo!広告への移行に役立つCSV変換ツール「AIM KEY」⟨※2⟩を提供
しています。Google広告を起点に他媒体へと広げていく手段は、す
でに複数用意されているといえます。

Microsoft広告でのインポート画面〔図表43-1〕

※1　Statcounter Global Statsの調査①
https://gs.statcounter.com/search-engine-
market-share/all/japan

※2　AIM KEY（エイム・キー）
https://anagrams.jp/blog/how-to-use-aim-key/

Bingは業務中の利用が多くBtoB商材向き？

Yahoo!とBingはユーザー数が少ないため、「Google以外にリソースを割いて取り組む意味があるのか？」と思った人もいるかもしれません。しかし、それらでなければアプローチできない人も一定数存在します。例えば、勤務先から支給されたPCのブラウザーがEdgeで固定されている人には、Microsoft広告が有効です。

また、筆者の経験上、Yahoo!広告やMicrosoft広告は、特定の商材で商談化率や受注率、受注単価が高くなるケースが見られます。仮説の域を出ませんが、ブラウザーをEdgeに固定するような企業はセキュリティに厳しい大企業である可能性が高く、セキュリティ関連商材の大口顧客になりやすいのかもしれません。

Bingに関しては、同じくStatcounter Global Statsの調査(※3)でデスクトップ(※4)での利用率が高いのも特徴となっており、業務における検索の割合が高いことを示唆しています。実際に「自動車」「iPhone」「Tシャツ」といったBtoC関連のキーワードと、「会計ソフト」「名刺」「CRM」といったBtoB関連のキーワードでGoogleとBingの検索ボリュームを比較すると、BingのほうがBtoB関連キーワードの比率が高くなることを確認できています。

Bingへの出稿が可能なMicrosoft広告は、BtoB商材での利用が今後増加してくることが予想できます。他社に先駆けるという意味でも、実施を検討することをおすすめします。(二平)

> **まとめ**
>
> 検索広告はGoogle広告から攻略しましょう。その後、Yahoo!広告やMicrosoft広告に展開しますが、特に後者は業務利用が増えているため注力していきたいところです。

※3 Statcounter Global Statsの調査②
https://gs.statcounter.com/search-engine-market-share/desktop/japan/

※4 デスクトップ
デジタルマーケティングにおいては、ユーザーの利用端末がパソコンであることを意味する。

44

アカウント構成は 必要最低限に

機械学習を働かせつつ、BtoBの特性も踏まえて構成する

> Google広告のアカウント構成について解説します。
> Google広告はキャンペーンと、その下の階層に当た
> る広告グループで構成されます。機械学習を効率的に
> 働かせるための構成について理解しましょう。

シンプルな構成を基本としながら細分化も検討

　Google広告のアカウントは、複数の「キャンペーン」〈※1〉と「広告
グループ」〈※2〉によって構成されます。機械学習による最適化を効率
的に働かせるには、それらを細分化せず、なるべく1つにまとめるこ
とをGoogleでは推奨しています。

　例えば、決済代行サービスを提供する企業が検索広告を運用する
場合、Googleの方針に従うと、下図のように極めてシンプルな構成
になるでしょう〔図表**44-1**〕。

Googleが推奨するアカウント構成〔図表**44-1**〕

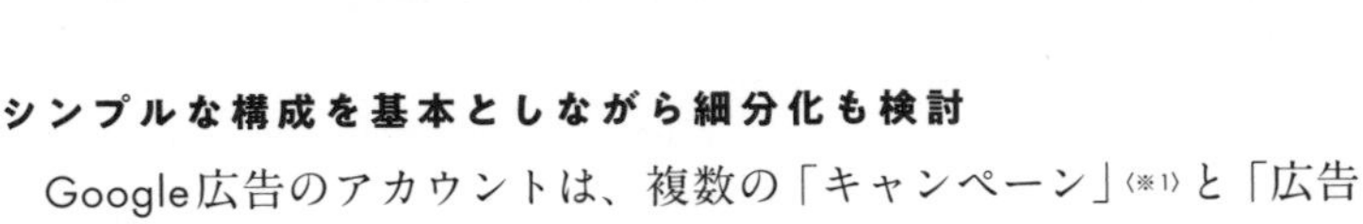

Google ── 製品：決済代行サービス ── キャンペーン：決済代行サービス ── 広告グループ：決済関連注力キーワード

※1　キャンペーン
Google広告において、複数の広告を1つ
のまとまりとして管理するための単位。
広告の予算や配信先などを設定できる。

※2　広告グループ
同じく広告のまとまりを管理する単位で、
キャンペーンの1つ下の階層に当たる。広
告を配信するキーワードなどを設定できる。

確かに、月間数百件以上のコンバージョンを獲得でき、機械学習がワークするうえで十分なデータが得られ、かつ予算も潤沢にあるアカウントであれば、前図の構成でも問題ないかもしれません。

しかし、BtoBでは商材によってはCV数や予算が少なく、結果として機械学習が働きづらいケースがあります。また、広告によるリード獲得が最終目標ではないため、その後の商談数や受注率を把握するため、広告グループを分けたいこともあるでしょう。状況にあわせてシンプルな構成にするか、必要最低限のレベルで細分化していくのかを判断していく必要があります。

細分化することで商談数や受注率が追いやすくなる

広告グループを分ける場合、検索意図ごとに広告グループを作成し、それにあった広告文を入れることで、基本的にはCTRやCVRが上がり、成果がよくなる傾向があります。特に、BtoBでは初動の段階で確度の高いキーワードに絞り、手動入札で丁寧に入札をしていくと、着実に成果につながることが多くなります。

先ほどと同じ決済代行サービスの例を続けると、1つのキャンペーン配下に「クレジットカード決済」「決済端末」「キャッシュレス決済」「電子マネー」といった広告グループを作成し、キーワードを個別に設定する方法が考えられるでしょう〔図表44-2〕。

決済方法ごとに広告グループを分けた例〔図表44-2〕

前図のように広告グループを分類し、かつCRMやSFAのツールと連携することで、それぞれのキーワード群ごとに商談化率や受注率を可視化できるようになります。

もし細分化しすぎた場合は、広告グループの統合を検討しましょう。例えば、前図の「キャッシュレス決済」と「電子マネー」が同程度の成果であった場合、「キャッシュレス決済」のみに統合する方法があります。電子マネーはキャッシュレス決済の一部であるため、検索意図が大きくずれることはないはずです。

すると、統合後の広告グループ内ではCV数が増加し、機械学習の働きが加速することが期待できます。もちろん、その後の商談数や受注率まで注視してから、成否を判断するようにしましょう。

データが少なければマイクロコンバージョンも検討

広告のCVポイントが問い合わせなどの場合、機械学習がワークするうえで十分なCV数を稼げないことがあります。その場合はハードルの低いCVポイントへの変更を推奨しますが、社内事情により、そうできないケースもあるでしょう。そこで活用したいのが「マイクロコンバージョン」[※3]です。

例えば問い合わせの場合、LPにあるフォームへの入力開始や、コールトゥアクションのクリックをマイクロCVとして設定するのが妥当です。問い合わせという最終的なCV数が少なくても、それに至るまでの行動を定量的に把握し、広告運用がうまくいっているのかの判断基準を持つことが可能になります。(二平)

まとめ

> 商材によってはCV数が少なく、機械学習が働きづらいケースがあります。機械学習をワークさせつつ、商談数や受注率まで追える構成に仕上げていきましょう。

※3 マイクロコンバージョン
最終的なコンバージョンに至るまでのあるポイントを、中間のコンバージョンとして定義したもの。フォームの入力開始やCTAのクリックは、Googleタグマネージャーなどを利用することで計測できる。

45
検索広告の
ノイズを消去せよ

顧客対象のユーザーに確実に届ける5つのテクニック

顧客にならないような人にも検索広告を配信するのは避けましょう。そのためにはデバイスの入札調整、配信する商圏、曜日・時間の限定、既存顧客やBtoC関連のキーワードの除外といった設定が必要です。

自社商材がコンバージョンしやすいデバイスを重視

BtoBはターゲット数が少ないため、いかにしてノイズを含まない、ピンポイントなターゲティングを実現できるかが重要です。それは検索広告でも同じで、顧客対象にならないユーザーに広告を表示する機会を、できる限り少なくすることが求められます。本節ではその手法を、次の5つに分けて解説します。

①デバイスごとの入札調整

②商圏の限定

③曜日・時間帯の限定

④既存顧客の除外

⑤BtoC関連キーワードの除外

まず「①デバイスごとの入札調整」は、デスクトップ（PC）、モバイル（スマホ）、タブレットのそれぞれで、入札単価に差をつけて運用するという手法になります。

BtoB商材に関する検索行動は、基本的に業務で利用しているPCから発生します。そのため、検索広告ではモバイルやタブレットの入札単価を下げて運用するケースが多くなります。

ただし、ビジネスによってはデバイス比率が大きく異なるため、一概にはいえません。例えば、飲食店や小売店、美容サロンなど、小規模事業者向けのサービスを展開しているBtoB企業では、ターゲットとなる人々が業務の合間にスマホで検索して、問い合わせや資料請求をすることが多いでしょう。

筆者が過去に担当した案件では、CV数がPCとスマホで同程度となり、後者のほうがCPAが安くなることもありました。商材によってどのデバイスからコンバージョンしやすいかは変わってくるので、自社商材に適したバランスになるように調整してください。

なお、注意点としてtCPA[※1]の自動入札を利用しているときは、デバイスごとに目標CPAを変えるような調整になります。また、「目標広告費用対効果」の自動入札では、デバイスごとに目標値を変えることができず、配信する・しないの選択のみができます。

自社の営業担当者が訪問可能な地域のみに配信

「②商圏の限定」は、自社の営業担当者が通える範囲のみに広告を配信する手法です。広告経由での問い合わせがあったあと、営業担当者が顧客と実際に会って商談を行い、製品・サービスの説明や契約のやりとりをする場合に有効となります。

例えば、営業所が東京のみであれば、関東地方のみの配信に絞るのがよいでしょう。Google広告では都道府県での指定はもちろん、「半径○キロ圏内」といった設定も可能です〔図表45-1〕。

一方、コロナ禍以降はZoomなどを利用したオンライン商談も普通になりました。自社商材がオンライン商談でも十分に受注可能であれば、対象を全国にしても問題ありません。その場合は都道府県ごとの広告配信の実績を確認し、もし地域によって差があるようなら、成果があるエリアへの広告配信を強めるのも手です。

※1 tCPA
Google広告の入札戦略の1つである「目標コンバージョン単価」のこと。目標とするCPAでCVできるように入札単価を自動的に調整する。

配信範囲を関東のみに設定している

顧客の営業日や営業時間だけに絞って配信

「③曜日・時間帯の限定」は、自社の顧客となり得るユーザーの勤務時間にあわせて配信を調整する手法です。一般的な企業であれば、営業時間は8時から19時の間で、土日と祝日は休みであることがほとんどでしょう。広告の配信スケジュールを平日の営業時間内に絞ることで、ノイズを減らすことができます。

ただし、業種・業態によっては土日や早朝・深夜に働いており、情報収集している人もいます。また「顧客の営業時間外に問い合わせが来ることはない」というのが、単なる思い込みである可能性もあるでしょう。Googleアナリティクスなどで自社サイトが利用される曜日・時間帯を確認してから、設定することを推奨します。

すでに顧客となっている人を除外してムダを防ぐ

「④既存顧客の除外」は、Google広告であれば「カスタマーマッチ」機能を利用して実施します。自社が持つ既存顧客のメールアドレスや電話番号をユーザーリストとして登録し、キャンペーンや広告グループと紐付けることで、それらに該当するユーザーへの広告配信を停止することが可能です。

なお、ユーザーリストは既存顧客へ再アプローチしたり、既存顧客の類似ユーザーに広告を配信したりする用途でも利用できます。

明らかに個人と思われるキーワードには表示しない

「⑤BtoC関連キーワードの除外」は、まず法人向けにオフィスの電気代を削減するビジネスを例として思い浮かべてください。この商材でコンバージョンする可能性の高いキーワードには、「電気代削減 法人」「電気代 下げる 会社」などが挙げられるでしょう。

一方で「電気代節約 個人」「電気代 家庭」などの検索語句は、明らかに個人や家族の電気代を下げたい意図になります。これらのキーワードはコンバージョンに至らないため除外しましょう。また、定期的に検索語句レポートをチェックし、BtoCと思われるキーワードがないかを確認することも必要です。

なお、検索広告向けリマーケティングリスト (RLSA) を利用すれば、ユーザーの質を落とさずに、検索語句の幅を広げることができます。RLSA〈※2〉とは、過去に自社サイトを訪問したユーザーに対して検索広告を配信する手法です。

例えば「電気代」や「電気代 抑える」といった一般の人が検索しそうなキーワードでも、過去に自社サイトを訪問したユーザーであれば、ターゲットに該当する法人顧客である可能性があります。そのような人を取りこぼすことなく、検索語句の幅を広げたアプローチができるようになります。(二平)

3

検索広告

まとめ

> ターゲットにピンポイントで広告を届けるために、顧客になり得ない人々への広告配信を停止しましょう。本節の5つの手法をぜひ実践してみてください。

※2 RLSA
「Remarketing Lists for Search Ads」の略。

46

勝てる広告文を作る 7つのTips

競合他社の検索広告を見極めたうえで表現を工夫する

> ターゲティングをしっかりしていても、検索広告の広告文が魅力的でなければ無視される可能性が高まります。ユーザーの目を引き、思わずクリックしたくなるような広告文を作る7つのポイントを紹介します。

BtoB向けの検索広告をより魅力的にできる

BtoB、BtoCを問わず、検索広告では広告文がとても重要です。筆者の経験でも、広告文を変えただけで成果が大幅に改善した事例を何度も見てきました。本節では、BtoB向けの検索広告で成果が上がる広告文を作るための7つのTipsを紹介します。

① 法人表記を入れる

前節で述べた「BtoC関連キーワードの除外」とも関連しますが、BtoBであることを明示する文言を入れることで、ノイズとなる個人からのクリックを防ぐ効果が期待できます。オフィスの電気代削減であれば、広告文に「法人限定」「法人専用」などを加えて次のようにします。

法人限定 電気代の見直しはこちら｜アナグラム電気

しかし、ユーザーが常に注意深く広告文を読んでいるとは限らないため、個人からのクリックを完全に防げるわけではありません。明らかに個人向けのキーワードは、広告媒体の管理画面で除外設定を行ってください。

② 具体的な数値を入れる

広告文に具体的な数値を記載し、自社商材を導入するメリットをアピールしましょう。BtoBの顧客には「売上が増える」「コストが下がる」という論理的な判断基準があるので、数値が特に有効です。中でも、次のように導入実績や導入後の効果を伝えるのがおすすめです。

400社以上が導入

売上30%増加

コスト削減50%実現

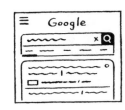

③ 製品・サービスの強みを入れる

金額、スピード、対応の柔軟性、独自の機能といった、自社商材の強みを広告文に入れることも意識しましょう。こちらも具体的な数値に落とし込むと、より成果につながる可能性が高まります。強みになる例を下表に示します〔図表 **46-1**〕。

自社商材の強みと効果的な広告文〔図表 **46-1**〕

強み	効果的な広告文
価格の安さ	価格をそのまま入れる。無料なら「0円」と記載
商品提供の早さ	「最短当日発送」「スピード納品可能」「12月納品に間に合う」など
発注規模の柔軟さ	「小ロットから注文可能」「大量注文割引あり」など
老舗企業である	「創業100年」など、年数や実績を記載
地域の広さ・専門性	「全国対応可能」「名古屋専門」など
独自機能	「〇〇機能でコスト20%ダウン」など、効果と組み合わせて記載

④ 手に入れられるものを明確にする

ホワイトペーパーや資料請求をCVポイントにしている場合、広告文に次のような文言を含めるとよいでしょう。

比較表ダウンロードはこちら

資料を無料でダウンロード

単純なことですが、この広告をクリックした人は「比較表（資料）がダウンロードできるんだ」という気持ちでLPを訪問するため、ユーザーの期待値とLPの内容がマッチし、CVRの向上が期待できます。

⑤ 権威・実績×おすすめで訴求する

次のように、自社商材でアピールできる権威性や実績に「おすすめ」といった文言を組み合わせた広告文が、近年うまくいくケースがあります。

導入数500社突破｜おすすめの会計システムはコレだ

「選定に失敗したくない」「面倒くさいから代わりに選んでほしい」「実績があると安心する」といったBtoBでありがちな心理を突いていることに加え、後半の文言がランキング・比較系の記事の見出しを連想させ、興味を持ってもらいやすいのではないかと考えています。

⑥ 感嘆文を使う

BtoBの広告は真面目になりがちなので、次のような感嘆文は親しみやすく、目に入りやすい効果があります。

えっ！こんなにコストが下がるの？

検索した人を驚かせるような表現を意識してみましょう。ただし、過度に煽った広告文はブランドイメージを損なう可能性があるので注意してください。

⑦【 】を使う

隅付き括弧を活用すると視覚的に目立つようになり、CTRが高くなる傾向にあります。次のように、特にアピールしたいテキストを【】で囲みます。

【0円】から導入可能｜【経理管理システム】○○

競合他社の広告文との差別化は必須

さらに、検索広告の広告文を作るうえでは「競合の検索広告を見極めたうえで、それらと比較されることを前提とした広告文にする」ことも意識してください。自社が出稿しているキーワードで検索したとき、検索結果ページに表示される競合の検索広告が同じような表現をしていたら、目立つことはできないからです。

例えば「②具体的な数値を入れる」は、競合が自社以上に魅力的な数値を入れていたら逆効果になってしまいます。「⑦【】を使う」も、競合の検索広告で【】が多用されていれば目立つことはできず、むしろ使わないほうが目立つかもしれません。

検索広告とは、検索結果ページで競合と比較されることが必然の広告です。7つのTipsを活用しつつも、競合の広告表現を把握したうえで「どのような広告文にすれば競合に勝てるのか？」を熟慮するようにしてください。(二平)

> **まとめ**
>
> 検索広告を作るポイントは7つあります。ただし、競合他社の広告文も確認しながら、検索結果で目立たせるために必要な要素を入れて広告文を作りましょう。

47

初動のキーワードは
CVの確度を重視

比較検討系を優先し、情報収集系は慣れてきてから

> 検索広告におけるキーワード選定の重要性を理解して
> ください。配信前に正しいキーワードを選べるかどう
> かが、成果につながります。キーワードの選び方と優
> 先順位の付け方を見ていきましょう。

顧客解像度が低いとキーワード選定ができない

　検索広告で成果を出すには、キーワードの選定が重要です。BtoB
向けの検索広告の場合、以下に挙げる3つのステップでキーワード
をリストアップし、配信していくとよいでしょう。

①顧客解像度を上げる

②キーワードプランナーなどで大枠のキーワードを選出する

③サジェストキーワードなどで隅々まで洗い出す

　①は本書で何度となく述べてきたことですが、顧客の業務や悩み
事を理解していないと、そもそもキーワードが思い浮かびません。
例えば会計ソフトの場合、「消し込み」(※1)という作業を知らなければ
キーワード候補から漏れてしまう恐れがあります。

　最初の時点で誤った顧客像を作り上げてしまうと、以降のステッ
プでキーワードのズレが大きくなり、検索広告で成果を出しにくく
なってしまうので、特に注意してください。

※1　消し込み
売掛金や買掛金など、債権・債務の勘定科目の
残高を消していく作業のこと。

大枠のキーワードを選出して方向性を決める

②のステップでは、キーワードプランナーなどのツールを使っていきます。キーワードプランナーには、指定したキーワードからキーワード候補を表示する機能があるので、まずはそれを参考にしてみましょう。また、WebサイトのURLを指定すると、関連するキーワードをピックアップする機能もあります〔図表**47-1**〕。

ほかにも「Ubersuggest」(※2)や「Ahrefs」(※3)という分析ツールを使うと、競合サイトでアクセスを集めているキーワードをリストアップできます。

③のステップでは、②のキーワードを実際にGoogleやYahoo!のブラウザーの検索窓に入力し、検索候補として表示されるサジェストキーワードを洗い出していきます。細かいキーワードの洗い出しにはラッコキーワード(※4)がおすすめです〔図表**47-2**〕。

WebサイトのURLからキーワードを抽出〔図表**47-1**〕

キーワードとWebサイトから抽出できる

ラッコキーワードでキーワードを抽出〔図表**47-2**〕

「会計ソフト」の関連キーワードを抽出した

※2 Ubersuggest
https://neilpatel.com/jp/ubersuggest/

※3 Ahrefs
https://ahrefs.jp/

※4 ラッコキーワード
https://related-keywords.com/

3

検索広告

検索意図ごとにキーワードをグルーピングする

　キーワードを洗い出したら、検索意図ごとにキーワードをグルーピングしましょう。検索意図とはユーザーが検索エンジンで検索する目的やニーズを指しますが、次の4つに分類できます。

- Know クエリ　　例：会計ソフトとは
- Go クエリ　　　例：弥生会計 ログイン
- Do クエリ　　　例：会計ソフト 導入
- Buy クエリ　　　例：会計ソフト おすすめ

　Know クエリはインフォメーショナルクエリとも呼ばれ、情報を知りたい意図で検索されます。全体の80％と大部分を占めますが、具体的な製品・サービスの導入までは考えていないことが多いため、検索広告を配信しても CVR が低くなりやすいキーワードです。

　Go クエリは、すでにサービスを導入している人が、それを活用する目的で検索しているキーワードが該当します。Do クエリと Buy クエリは、比較検討しているキーワードが当てはまるでしょう。まずは情報収集目的の Know クエリと、購買意欲のある Go/Do/Buy クエリという粒度でグルーピングしてください。

CVRの高い比較検討系のキーワードから攻めていく

　検索広告の初動では、CVR が高いと予想されるキーワードから配信することをおすすめします。先ほどの分類では Do/Buy クエリが該当し、「導入」「おすすめ」のほか「比較」「無料」などを含むキーワードから狙っていきます。

　「会計ソフト」単体で CV するケースもありますが、フレーズ一致や部分一致などのマッチタイプにしていると、さまざまな検索語句に広告が配信され、ムダな費用を使う可能性が高くなります。検索広告を始めたばかりの状態では、CVR の高いキーワードに絞って配信して、十分な CV 数を蓄積することを優先してください。

自動入札を活用してキーワードを広げていく

　検索広告の運用開始後、過去30日間で30件以上のCV数を獲得できたら、自動入札に移行してキーワードを広げてみましょう。「会計ソフト 無料」「会計ソフト 比較」といった比較検討系のキーワードのマッチタイプを部分一致に変更するほか、「会計ソフト」単体のフレーズ一致や完全一致にもチャレンジしてください。

　単体のキーワードにはさまざまな検索意図があるため、初動で入札するにはハードルが高いですが、十分なCVデータが蓄積され、自動入札が機能するようになると、CVを生み出す可能性があります。運用がある程度、軌道に乗ってきてから狙うようにしましょう。

　また、CVポイントをホワイトペーパーやセミナーなど、ハードルが低いものに変更すると、Knowクエリでも獲得が狙えます。例えば「知らないと損する！ 会計ソフトの基本と選び方BOOK」といったホワイトペーパーを作成し、それをCVポイントにすれば、「会計ソフトとは」のような情報収集系のキーワードからでもコンバージョンを狙えるでしょう。(二平)

顧客解像度を上げることは
よいアイデアが生まれたり
キーワード選定ができたり
メリットがたくさんあるね！

> **まとめ**
> 3つのステップでキーワードを洗い出したら、検索意図ごとにグルーピングしましょう。CVRの高いキーワードから配信し、徐々にキーワードを広げていきます。

48

自動入札は
手動をやりきってから

CVRの高いキーワードには強気で入札して上位を狙う

効果的な入札の進め方を知っていますか？　自動入札は便利ですが、手動入札をやりきってから始めましょう。なぜなら、CV数がたまっていない状態で自動入札をしても、入札単価を最適化できないためです。

検索広告の入札における3つの流れ

　前節では検索広告のキーワードについて解説しましたが、本節では入札の進め方について見ていきます。BtoB向けの検索広告においては、次の3つの流れで変化させていくのがセオリーです。

①CVデータがない初動では手動入札に注力

②手動入札ではCVRの高いキーワードに強気で入札

③CVデータの蓄積後、自動入札（目標コンバージョン単価）に移行

　いずれも前節と重複する部分がありますが、大まかな流れをおさらいすると、まずはCVRが高いキーワードから優先的に、手動入札での配信から始めていきます。そして、過去30日間で30件以上のCV数を獲得できたことを目安に、自動入札に移行します。

　もし問い合わせや資料請求での30件獲得が難しいなら、CVポイントをホワイトペーパーなどに変更するか、マイクロCV（P.159）を設定するなどしてデータの蓄積を達成しましょう。

BtoBの検索広告は上位ほどクリックされる傾向が強い

　②について補足すると、BtoBの検索広告では、BtoCよりもCPCが高いことが多くなります。この点に気後れしてしまい、CVRが高いキーワードの入札単価を低くしてしまいがちなのですが、思い切って「強気で入札」することを心掛けてください。

　広告文が整っている、LPが作り込まれている、CVポイントが適切であるといった前提はありますが、BtoBの検索広告では、基本的に上位に表示されているものほどCVRが高くなります。強気で入札、つまり競合よりも高いであろう入札単価を設定することは、この上位表示を狙っていくための施策です。

　みなさんがシステム導入の担当者だとして、必要なサービスについて検索するところを想像してみてください。まずは上位に出てきた広告を片っ端からクリックし、資料をダウンロードしてみるのではないでしょうか？ 顧客は業務中で忙しく、ゆっくり見ていられないので、このような行動を取りがちなのです。

　また、筆者が顧客に問い合わせの理由をヒアリングしたときには、「検索したら最上位に出てきて、ちゃんとマーケティングをしている会社だと思ったから」という回答をもらったこともありました。BtoBの検索広告で上位表示にこだわるのは、理にかなった戦略であるといえるのではないかと思います。

自動入札戦略は「目標コンバージョン単価」が定番

　③についても補足します。自動入札では、手動では拾いきれないシグナルも加味して入札単価を最適化するため、十分なCV数を獲得できるようになったら、ぜひ活用していきましょう。

　Google広告のスマート自動入札には複数の入札戦略(※1)がありますが、あらかじめ指定したCPAを目指して入札を調整する「目標コンバージョン単価」が安定して使いやすいでしょう。

　なお、Yahoo!広告やMicrosoft広告はGoogle広告ほど自動入札の精度が高くないため、CV数が少ない段階で自動入札を開始すると目標コンバージョン単価を超えてしまい、配信が縮小するケースがあ

※1　入札戦略
クリックやコンバージョンなど、広告で達成したい目標に対して自動で入札単価を調整する機能のこと。
https://anagrams.jp/blog/what-is-google-ads-automated-bidding/

ります。Yahoo!広告やMicrosoft広告では、媒体が推奨するCV数を
しっかり担保できてから自動入札に移行することを推奨します。

CPAが悪化するならポートフォリオ入札戦略を活用

　Google広告で自動入札を開始したものの、競合が多いためCPCが
高騰し、CPAも悪化することがあります。そのような場合はやや高
度な運用になりますが、ポートフォリオ入札戦略(※2)を活用して上限
CPCを設定する方法があります。CPCの高騰を抑えられますが、
オークションでは不利になることもあるので、上限CPCを低くしす
ぎないように注意してください。

　上限CPCを設定してもCPAが改善しない場合は、いったん手動入
札に戻して、コンバージョンを獲得できているキーワードのみ入札
単価を上げて、それ以外のキーワードは入札単価を下げるといった
調整をかけます。BtoBはBtoCよりもCV数が少なかったり、商談化
率などを踏まえて手動で調整する案件があったりするので、手動入
札のスキルが求められる場面は多いといえるでしょう。

　なお、CV数を過去30日間で100件以上獲得でき、かつCVポイン
トが複数あって、より商談に近いCV数の最大化を目指すのであれ
ば、後述する広告費用対効果の最大化を目指した自動入札も検討す
るようにしてください。(ニ平)

> **ま
と
め**
>
> 　CVデータがない段階では手動入札から始め、CVRの高い
> キーワードには強気で入札しましょう。安定的にCV数を獲
> 得できるようになったタイミングで自動入札に移行します。

※2　ポートフォリオ入札戦略
複数のキャンペーンの入札戦略を一括で管理する機能のこと。
https://anagrams.jp/blog/using-flexible-bid-strategies/

49

指名検索こそ
丁寧に

自社名や製品名のキーワードは改善の余地が大きい

自社の指名キーワードに出稿した検索広告は、一般キーワードに比べてCTRやCVRが自然と高くなりますが、だからこそ除外や入札単価の調整などを丁寧に行いましょう。広告費をより削減できるようになります。

指名検索が多い製品・サービスやブランドほど効果大

自社や自社商材などの名称を含む検索語句を指名キーワードと呼びますが、一般キーワードと比較すると、細かい調整をしなくても検索広告のCTRやCVRが高くなります。すでに自社を認知している人が検索しているわけですから、成果がよいのも納得です。

しかし、それに甘んじて「手を掛ける必要はない」と考えていると、思わぬ落とし穴にはまります。実際、筆者が広告アカウントの分析を行うと、指名キーワードに改善の余地があることは多々あり、月の広告費を数十万円単位で削減できた事例もあります。本節では指名キーワードの改善ポイントとして、次の5つを紹介します。

①除外キーワードを丁寧に設定

②インプレッションシェアは100%でなくてもよい

③必要以上に入札単価を引き上げてはいけない

④広告文はシンプルに

⑤競合他社の広告を見つけたら直接連絡

コンバージョンしない指名キーワードは除外する

まず「①除外キーワードを丁寧に設定」ですが、指名キーワードなのに除外するのはもったいない、と感じるかもしれません。しかし、指名キーワードのすべてが必ずCVに結びつくとは限りません。

次のようなキーワードはあらかじめ除外しましょう。以降、キーワードの具体例は、筆者が所属するアナグラム株式会社を想定したものになっています。

広告配信の目的にあわない語句

例えば、アナグラムで広告運用の案件受注を目的に検索広告を配信するとき、「アナグラム 採用」「アナグラム 株価」といったキーワードにも広告を表示してしまうのは悪手です。ユーザーの検索意図と異なるため、自社とユーザーの双方にとってよい結果になりません。配信後の検索語句レポートのほか、サジェストキーワードを参考に除外候補を見つけてください。

一般名詞や他企業に関連する語句

アナグラムには「単語や文章の中の文字を入れ替える言葉遊び」という意味もあり、「アナグラム 例」といったキーワードで多くの検索数があります。このように企業名・商材名が一般名詞と同じ場合や、同業でなくても社名が似ている他企業がある場合、除外をおすすめします。

法人格

社名と製品・サービス名が同一の場合、「株式会社」などの法人格を表す語句を除外することを推奨します。法人格を含むキーワードの場合、製品・サービスではなく企業そのものの情報を求めているため、検索広告を表示しても受注にはつながりにくいです。

インプレッションシェアの多少の損失は許容範囲

次に「②インプレッションシェア(※1)は100%でなくてもよい」ですが、指名キーワードにおいては、ある程度のインプレッションシェアの損失は許容して構いません。

前述の通り、アナグラムには一般名詞としての意味があるため、広告の目的とは違う意図での検索が必ず発生します。にもかかわらずフレーズ一致キーワード「アナグラム」の入札を引き上げてしまうと、本来除外すべきキーワードにも積極的に広告を表示することになり、ムダな費用がかかってしまいます。

あらかじめ除外キーワードを設定しておけば問題ないと考えるかもしれませんが、現実問題として、除外すべきすべての掛け合わせを網羅することは不可能です。よって、指名キーワードの検索に対して広告が表示されないケースがあっても、問題はありません。

もちろん「アナグラム リスティング」「アナグラム株式会社」のように、一般名詞とは無関係のキーワードではコンバージョンが見込めるため、インプレッションシェアを高く保つことが大切です。

いつの間にかCPCが高騰している状況を防ぐ

続いて「③必要以上に入札単価を引き上げてはいけない」ですが、これもムダな広告費を抑える効果があります。少々難解ですが、次のようなロジックになっています。

まず、基本的に指名キーワードであれば、自社の広告の品質スコアが最も高く、CPCも安く済むことが多くなります。しかし、実際のCPCは入札単価そのものではなく、自社よりも1つ下の順位に位置している競合サイトの広告ランクによって決定されます。

オークションで競合する相手がまったくいなければ、いくら入札単価を高くしても、CPCは安価で収まります。しかし、競合サイトが1つでもあれば、そのサイトの入札単価と広告ランク次第で、自社のCPCが上振れしていきます。

そして、指名キーワードにおける競合は、相手が意図して自社名などに入札していなくても起こり得ます。例えば、部分一致キー

※1　インプレッションシェア
広告が表示可能だった合計回数のうち、広告が
実際に表示された回数が占める割合のこと。

ワード「リスティング広告」に入札していれば、「アナグラム株式会社」まで入札対象が自動拡張される可能性が大いにあります。

このような場合に自社の指名キーワードの入札単価を高くしていると、競合サイトの入札に引っ張られてCPCが引き上がってしまう状況が起こります。今は費用対効果があっているからといって、過度に入札単価を引き上げるべきではない、というわけです。

適切な入札単価は管理画面で確認しておく

とはいえ、広告配信の開始直後などでは適切な入札単価を把握できないため、機会損失を防ぐ目的で高めに設定することもあるでしょう。そのまま放っておくのではなく、適切な入札単価が分かり次第、調整することを心掛けてください。

Google広告とYahoo!広告では、管理画面で確認できる下表の指標が参考になります〔図表49-1〕。あくまで推定値ではありますが、これらと比較して現在の入札単価や平均CPCが大幅に高いようであれば、改善の余地があると考えられます。

ほかにも、Google広告で十分なデータがたまっていれば、入札単価シミュレーションも利用できます。Google広告の管理画面でキーワードの一覧を表示したうえで、次ページの画面に示したアイコンから確認できます〔図表49-2〕。

各広告媒体の入札単価の参考値〔図表49-1〕

媒体	入札単価の参考になる指標
Google広告	推定入札単価（1ページ目）
	推定入札単価（ページ上部）
	推定入札単価（ページ最上位）
Yahoo!広告	1ページ目掲載に必要な入札価格
	1ページ目上部掲載に必要な入札価格

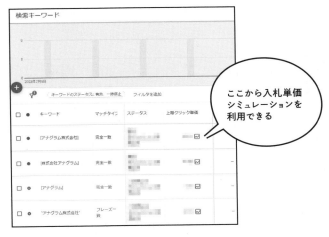

前節では自動入札について述べましたが、その入札戦略としては、

指名キーワードの入札戦略は「拡張クリック単価」を推奨

前節では自動入札について述べましたが、その入札戦略としては、一般的に「目標コンバージョン単価」や「コンバージョン数の最大化」が選択されます。しかし、自動入札では意図している金額以上に入札単価が調整されてしまうケースがあるため、指名キーワードのキャンペーンでは避けたほうがよいでしょう。

指名キーワードを含め、キーワードごとの細やかな入札調整が鍵になるキャンペーンでは「拡張クリック単価」を選択することをおすすめします。拡張クリック単価はCV獲得を重視しつつも、入札単価の調整がある程度可能な入札戦略となっています。

シンプルな広告文は視認性がよい

「④広告文はシンプルに」は、指名キーワードのキャンペーンでは多くの製品・サービスで、シンプルな広告文の採用が成果に結びついているのが理由となります。指名キーワードはすでに製品・サービスを知っている人が検索するので、余計な情報を入れないほうが視認性がよくなり、CTRが上昇するのだと考えられます。シンプルな広告文の例を次ページに記載します〔図表49-3〕。

一方、一般キーワードは製品名などを知らない状態で検索するため、シンプルな広告文にするとユーザーが欲しい情報に対して関連性が低下し、むしろCTRが下がる可能性があります。

シンプルな広告文の例〔図表**49-3**〕

スポンサー

 www.anagrams.jp/

アナグラム株式会社 - 【公式】

今の代理店の成果に満足できていない方専門。クライアントに伴走するコンサルティング。運用型広告でお困りの事業主が駆け込む広告代理店です。書籍、セミナーなど実績多数。コース: 英語、ドイツ語、韓国語,その他もOK／1社に専属の,ネイティブコンサルタン…

競合他社が自社の指名キーワードに入札していたら？

最後の「⑤競合他社の広告を見つけたら直接連絡」は、自社の指名キーワードに他社からの意図的な入札があると思われるケースの対策です。自社が獲得した認知にタダ乗りされるうえ、ポイント③で説明したロジックによってCPCが高騰してしまうため、「目の上のたんこぶ」のような状況になってしまいます。

このようなケースでは、入札している企業に対して直接連絡し、入札をやめてもらうように依頼することを推奨します。

依頼時には、あらかじめ自社で相手の指名キーワードを除外しておくか、相手が対応してくれるなら自社でも同じ対応をする意思があることを伝えましょう。また、指名キーワードの範疇を越えた、一般キーワードの除外を意味するような不誠実な依頼になっていないことも確認してください。できる限り誠実に依頼することで、応じてもらえる可能性は高くなるはずです。

それでも応じてもらえる保証はありませんが、検索結果ページや管理画面のオークション分析から見つけ次第、地道に連絡していくしかないでしょう。

自社内で入札が競合しないような対策も必要

　自社の指名キーワードに入札してくるのは、他社だけとは限りません。自社内の部門ごとに広告アカウントが分かれている場合、自社同士で競合してしまうケースがあります。

　例えば、求人情報サイトを運営する企業では、求人情報を掲載してくれる企業と、求人情報を見たい求職者のそれぞれに向けて、検索広告を配信することがあるでしょう。これらの広告アカウントが部門によって分かれていると、同じ指名キーワードでお互いに入札単価を引き上げてしまい、CPCが高騰する恐れがあります。

　このような状況にならないようにするには、指名キーワードの取り扱いについて全社的な方針を定め、部門を横断して実行していく必要があるでしょう。もはや社内政治の問題ともいえ、広告運用の領域を越えてしまいますが、ボトルネックは広告アカウントの中にあるとは限らないのです。（二平）

指名検索は奥が深いね。
できるところから
チャレンジしてみよう

まとめ

指名キーワードの改善によって、意外とムダになっていた広告費を削減でき、その分をほかの施策に回すことができます。5つのポイントを意識して取り組んでください。

50

キーワードの幅を広げる
記事LP

広告と通常LPの間を結び、さらに成果を積み上げる

Webメディアのようなコンテンツの記事LPを、広告
と通常のLPの間に配置することで、より自社商材に
興味を持ってもらった状態でLPに遷移させることが
可能です。記事LPのメリットと注意点を紹介します。

BtoBの検索広告では費用対効果があうキーワードが少ない

BtoB商材は専門性が高いがゆえに、検索キーワードの種類が少な
くなりがちです。そのため、競合他社も同じようなキーワードに出
稿しており、CPCの相場はBtoCに比べて高い傾向にあります。

そして、CPCが高いと、おのずと費用対効果があうCVRの高い
キーワードへの出稿が中心となっていきます。結果として、検索広
告の成果が頭打ちとなってしまうことも少なくありません。

例えば「CRM 導入」「CRM 比較」といったキーワードは、CRMに
課題を感じてツールの導入を具体的に考えている人が検索している
と想像できます。しかし、検索ボリュームは非常に少なく、検索広
告でアプローチできる機会は限られています。

だったら検索ボリュームが多い「CRM」を狙えばいいかというと、
そうでもありません。単にCRMの定義を知りたいなど、すぐには顧
客にならない人が多数存在するため、成果につながらなかったり、
広告の費用対効果があわなかったりする可能性が高いでしょう。そ
こで検討したいのが「記事LP」を活用した施策です。

ニュースサイトの記事のようなコンテンツで興味を持たせる

　記事LPとは、ニュースサイトの記事のようなコンテンツを備えたLPを指します。購入や申し込みの判断に必要な自社商材のメリットを伝える通常のLPとは異なり、コンテンツを読み進めるうちに自社商材に興味を持つような構成であることが特徴です。

　そのため、まだ自社の製品・サービスを知らない人へのアプローチを目的とした、SNS広告やディスプレイ広告でよく活用される施策の1つです。BtoCではコスメや定期購入などの広告でよく用いられる手法ですが、実はBtoB向けの検索広告とも相性がよいと筆者は考えています。一般的な記事LPの構成は以下の通りです。

① 課題の定義や共感
② 課題の原因
③ 課題の解決方法
④ 解決をより簡単に行う方法 （製品・サービスの紹介）
⑤ コールトゥアクション （通常LPへの誘導）

　記事LPは通常LPに比べて、まだ課題に気づいていない人や、課題はあるが対策の必要性を感じていない人が訪問したとしても離脱しにくく、コンバージョンにつながりやすくなります。よって、広告と通常LPの間を記事LPによって橋渡しすることで、広告をクリックした時点では自社商材を知らない人でも、商材に興味を持った状態で通常LPを訪問してもらえる可能性が高まります〔図表 **50-1**〕。

記事LPは広告と通常LPを橋渡しする〔図表 **50-1**〕

キーワードを広げつつ無理のない集客ができる

　BtoB向けの検索広告で記事LPを活用するメリットは、大きく分けて次の2つが挙げられます。

- アプローチできるキーワードの幅が広がる
- 検討段階が浅いキーワードでも成果が見込める

　例えば「比較する前に知りたい！ 失敗しないCRMの選び方」といった記事LPを作成すれば、「CRM 比較」といったキーワードで検索した人に対して、より検索意図に沿ったコンテンツを提供でき、離脱を大幅に抑える効果が期待できます〔図表**50-2**〕。

　また「CRM」単体キーワードのような検討段階が浅いキーワードは、検索数が多く集客に貢献する反面、費用対効果が低くなりがちです。そこで先ほどの記事LPに「【最新版】CRMの選び方｜おすすめのCRMも紹介」といった見出しの検索広告で誘導すれば、興味を持ってもらいやすく無理のない集客につながります。

記事ＬＰの例〔図表 **50-2**〕

比較する前に知りたい！
失敗しないCRMの選び方

①課題の定義や共感
CRMツールはたくさんあって、
選ぶのに迷いますよね？

②課題の原因
正しい選び方が分からず、
自社にあわないCRMツールを選んで
失敗してしまう企業が多いのです。

③課題の解決方法
数多くのCRM導入支援を行ってきた私たちが、
失敗しないCRMの選び方をお教えします。

④解決をより簡単に行う方法
自社の製品・サービスの紹介。
③の内容と、自社のCRMツールがリンクして
いるとコンテンツだとよい。
また、客観的に記載する必要がある。

⑤コールトゥアクション
通常LPに誘導する。

記事LPで集客したあと、通常LPで離脱されない工夫が必要

とはいえ、検索広告から記事LPに誘導すれば、必ず成果が上がるわけではありません。記事LPに取り組むうえでの注意点としては、次の2つが挙げられます。

- 通常LPの改善が最優先
- 作成の難易度を考慮する

まず、記事LPの施策は、すでに自社商材の強みが伝わる通常LPが存在していることが前提です。そうでなければ、結局ユーザーはコンバージョンする前に離脱してしまいます。

「CRM導入」といった検討段階が深いキーワードや自社の指名キーワードなど、CVRが高いと予想される検索語句で、コンバージョンを着実に獲得できる通常LPを作りましょう。記事LPは、狙ったキーワードから一定数のCV数が発生したうえで、さらにCV数の上積みを狙うときの施策として位置付けてください。

また、記事LPのコンテンツを作成するときは、「CRM比較」のように検索意図が分かりやすいキーワードから着手してください。「CRM」単体のようなキーワードは検索意図が分かりにくく、作成の難易度が上がってしまいます。

あわせて、自社のSEOの状況も加味しましょう。コンテンツマーケティングに取り組んでおり、すでに検索上位を取れている記事があるなら、その記事内に問い合わせなどへの導線を設ければ成果につながる可能性があります。無理に広告での獲得を狙いにいく必要はないでしょう。(二平)

> **まとめ**
>
> 記事LPを活用することで、獲得できるキーワードの幅を広げられます。まだ取り組んでいるBtoB企業は多くないので、ぜひチャレンジしてみましょう。

51

商談・受注も
自動入札で最大化

オフラインCVを活用して機械学習と組み合わせる

> オフライン時の行動をネット広告と連携して、商談や
> 受注に生かしましょう。オフラインCVのインポート
> は、多くの媒体で対応しています。ファーストパー
> ティデータを活用した広告運用にも役立ちます。

SFA/CRMツールとGoogle広告やMeta広告を連携させる

　ユーザーがリアルの場で達成した成果を「オフラインCV」と呼びます。BtoBではリード獲得後の商談や受注が該当します。

　オフラインCVが達成されたかどうかは、SFA/CRMツールで計測・管理することになりますが、そのデータを広告媒体にインポートすることで、商談や受注を広告のコンバージョンとみなすことが可能になります〔図表51-1〕。もしくは、優良なリードを表すMQLへの転換（MQL化）をCVに設定することもできるでしょう。

　それにより、オフラインCVにつながるシグナルを出しているユーザーに対して入札を強化し、積極的に広告を配信することが可能です。つまり、機械学習による自動入札でMQL化や商談・受注の最大化を図れるわけで、実際に商談化率が増加した事例もあります。

　オフラインCVのインポートはGoogle広告、Yahoo!広告、Meta広告、TikTok広告が対応しており、GoogleとMetaはHubSpotやSalesforceからスムーズな紐付けが可能になっています。アナグラムのブログ（※1）でも解説しているので、参考にしてみてください。

※1　Google広告のオフラインコンバージョントラッキングの概要と使い方
https://anagrams.jp/blog/offline-conversion-tracking-for-google-ads/

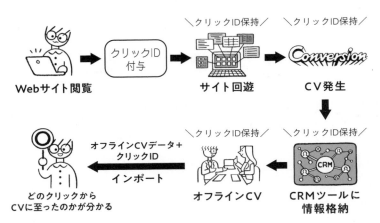

ファーストパーティデータを使った広告運用が鍵に

Googleは2024年後半までに、Chromeのサードパーティ Cookie を廃止することを発表しています。今後、Cookie[※2] を前提とした広告の配信手法や計測は機能しにくくなっていくでしょう。

そのため、Googleではファーストパーティデータ[※3] と高度な機械学習モデルの活用が鍵と考えており、その1つとしてオフラインCVのインポートを推奨しています。また、商談や受注といった、よりビジネス目標に近いファーストパーティデータを機械学習と組み合わせて活用することで、広告のパフォーマンスが平均15%向上すると、Googleの調査資料には記載されています。

BtoBではリード獲得後の動きのほうが重要なので、将来的に取り組んでいきたい有力な施策の1つといえるでしょう。(二平)

> **まとめ**
>
> リード獲得後のデータを広告媒体に送り、商談や受注を最大化していきましょう。サードパーティ Cookie の廃止に伴い、オフラインCVは有効な施策になります。

※2 Cookie
Webサイトを閲覧したときに、ユーザーのPCやスマホに入力したデータ、利用環境などの情報が記録されたファイルのこと。

※3 ファーストパーティデータ
自社が収集・保有しているデータのこと。主に顧客データやWebサイトのアクセスデータなどが該当する。

52

ROAS運用で
質の高いCVを増やす

安価なCPAでの獲得よりも売上金額の伸びを優先する

> ROAS（広告費用対効果）運用ではコンバージョン値を基準
> に自動入札ができるので、質の高いコンバージョンを
> 増やすことが可能です。ROAS運用で成果を出すため
> に知っておくべきポイントを解説します。

CVポイントごとに「コンバージョン値」を割り振る

　BtoB向けの検索広告の運用が軌道に乗ってくると、さらに上の成果を目指すために、次のような課題が出てくると思います。

- 商談や受注につながる確度の高いCV数を増やしたい
- CVポイントごとに優先度を決めて自動入札を最適化したい

　これらの課題は「コンバージョン値」[※1]をCVポイントごとに割り振り、自動入札を活用することで解決する可能性があります。コンバージョン値とは、1件当たりのCVの価値や売上金額を表す値で、広告媒体の管理画面で運用者が自由に設定できます。

　コンバージョン値の典型的な利用例としては、ECサイトが商品ごとにコンバージョン値を設定することで具体的な売上金額を把握し、それが最大化されるように運用を調整するケースが挙げられます。この手法はBtoB商材でも活用でき、前述の課題を解決する「ROAS[※2]運用」を行っていくうえで役立ちます。

※1　コンバージョン値について
https://support.google.com/google-ads/answer/13064207?hl=ja

※2　ROAS（ロアス）
「Return On Advertising Spend」の略で、広告費用対効果のこと。広告経由の売上 ÷ 広告費 × 100で計算し、「広告AのROASは250%」のようにパーセントで表す。

コンバージョン値が高いCVを優先するように運用できる

ROAS運用のイメージをつかむために、まずは単純化したECサイトを例に挙げましょう。次の3つの商品があるとします。

- バッグ　　　　単価：20,000円／平均CPA：10,000円
- 指輪　　　　　単価：　9,800円／平均CPA：　5,200円
- ネックレス　　単価：　1,800円／平均CPA：　1,000円

各商品の単価がコンバージョン値で、1個売れるのにかかった広告費が平均CPAです。ROASはバッグが20,000 ÷ 10,000 × 100 = 200%、指輪は188%、ネックレスは180%となります。それぞれが10個ずつ売れると、売上金額とCPAは下図のように表せます〔図表**52-1**〕。

ROAS運用のメリットは、コンバージョン値を基準に自動入札を働かせられる点にあります。Google広告の入札戦略である「目標広告費用対効果」や「コンバージョン値の最大化」と組み合わせると、コンバージョン値が高いCVを優先して獲得していく運用が可能です。

上記の例でいえば、ネックレスよりもバッグや指輪の広告のほうに配信が寄っていき、CV数も増えることになります。

3

検
索
広
告

ECにおけるコンバージョン値〔図表**52-1**〕

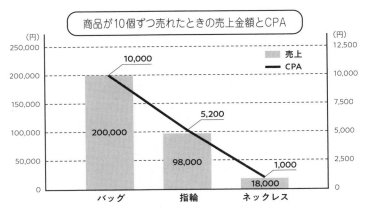

広告費は安いが売上金額が伸びないジレンマを解消

一方、入札戦略が「目標コンバージョン単価」の場合、コンバージョン値を考慮せずに目標CPA内でCV数が最大化されるように機械学習が働きます。その結果、CPAが安価な商品のほうに配信が寄っていき、ネックレスのCV数をより多く獲得するようになります。

この何が問題かというと、広告費は安く抑えられても、売上金額が伸びづらくなるということです。前ページの図をあらためて参照すると、バッグが10個売れたときの売上金額が20万円なのに対し、ネックレスは18,000円と大きな差があることが分かります。ビジネス上は、広告のCPAは高くてもバッグに注力して売上金額を最大化したほうがよい、と判断することのほうが多いはずです。

このような運用はECサイトだけと思うかもしれませんが、BtoBのようにCVポイントが複数あるビジネスでも、コンバージョン値を設定することで応用が可能です。

ハードルが高いCVポイントほどコンバージョン値を高く設定

ここからは、BtoB商材でROAS運用を具体的に取り入れる方法を見ていきます。基本的な考え方としては、ユーザーの検討段階が深く、達成のハードルが高いCVポイントほどコンバージョン値を高くし、検討段階が浅いCVポイントほど低く設定します。

例えば、問い合わせはコンバージョン値を高くし、次いで資料請求、その下にホワイトペーパーというかたちで設定していけば、広告媒体はその順番で価値が高いと判断します。これを目標広告費用対効果やコンバージョン値の最大化の入札戦略と組み合わせると、問い合わせの獲得を最大化するように機械学習が働きます。

一方、入札戦略が目標コンバージョン単価の場合は、コンバージョン値を考慮せずに目標CPA内でCV数が最大化されるような挙動をするため、CPAが安く収まるホワイトペーパーに配信が寄っていきます。コンバージョンの数よりも質を上げていきたいのであれば、コンバージョン値を設定したうえで目標広告費用対効果などの入札戦略を活用すべきです。

受注金額から逆算してコンバージョン値を割り振る

ROAS運用はBtoBにおいてもメリットがありますが、各CVポイントに対して具体的にいくらのコンバージョン値を割り振ればよいのか、疑問に思う方も多いでしょう。ECサイトであれば商品の売上金額をそのまま設定できますが、BtoBではそうもいきません。

考え方としては2つあり、1つは下図のように「受注金額から逆算する」という方法です〔図表52-2〕。例えば、1件当たりの受注金額が20万円で、商談からの受注率が30%とすると、商談1件の価値は200,000×0.3で6万円と算出できます。同様に問い合わせからの商談化率が50%、資料請求からの問い合わせ率が40%……と逆算していくことで、各CVポイントのコンバージョン値を求められます。

受注金額からコンバージョン値を逆算〔図表52-2〕

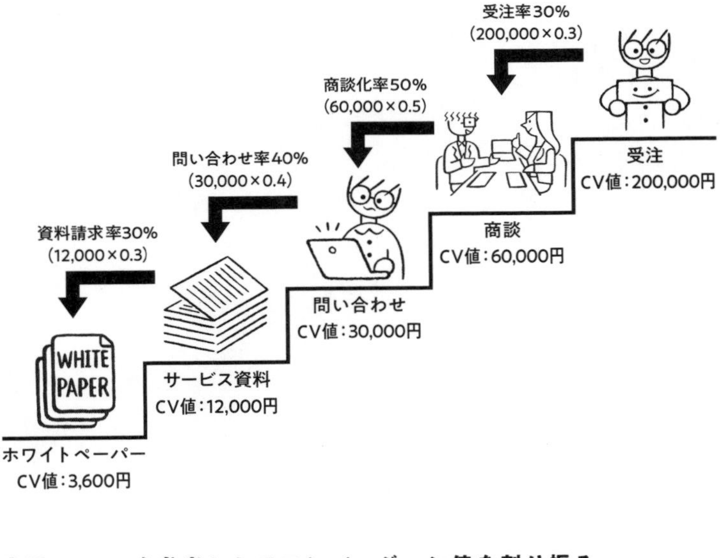

受注率30%
(200,000×0.3)

受注
CV値：200,000円

商談化率50%
(60,000×0.5)

商談
CV値：60,000円

問い合わせ率40%
(30,000×0.4)

問い合わせ
CV値：30,000円

資料請求率30%
(12,000×0.3)

サービス資料
CV値：12,000円

WHITE PAPER

ホワイトペーパー
CV値：3,600円

直近のCPAを参考にしてコンバージョン値を割り振る

もう1つは「直近のCPAを参考にする」方法です。例えば、ホワイトペーパー、資料請求、問い合わせの3つのCVポイントがあり、最もCV数が多い資料請求の直近のCPAが15,000円だったとします。この15,000円を資料請求のコンバージョン値とします。

そして、目標広告費用対効果の入札戦略で目標ROASを100%に設定すると、直近のCPAである15,000円を目指して自動入札が機能します。仮に目標ROASを120%にするとCPAを下げながら、80%にするとCPAを上げながらCV数を増やすように運用が調整されます。

その他のCVポイントについては、資料請求を基準にしつつ、ハードルの高低に沿ってグラデーションをつけて設定していきます。資料請求が15,000円なら、問い合わせは5万円、ホワイトペーパーは5,000円といったコンバージョン値にするのが妥当でしょう。

ROAS運用への切り替えには最低でも2カ月かかる

目標コンバージョン単価での運用からROAS運用へと切り替えるときには、ある程度の期間の余裕を見ておいてください。

まず、コンバージョン値を設定してから最低でも30日間ほどは、様子を見ることをおすすめします。また、目標広告費用対効果の入札戦略を利用するには、広告キャンペーン内で過去30日間に15件以上のコンバージョンを獲得している必要があります。

さらに、自動入札の成果が安定するまでの学習期間が1～2週間ほどかかります。コンバージョン値の割り出しから設定、自動入札の導入とパフォーマンスの安定までに、おおむね2カ月ほどの期間を要すると考えておくとよいでしょう。(二平)

検索広告の運用方法は分かったかな？
BtoBなら活用すべき媒体だから
運用をがんばろうね！

まとめ

BtoBでもROAS運用を取り入れることで、質の高いCV数を優先して増やすことが可能です。複数のCVポイントを設定したタイミングで導入を検討しましょう。

**SNS・
ディスプレイ
広告**

1:1バナーを軸にリード獲得に振り切る

53

SNSとディスプレイは ハードルを低く

ホワイトペーパーやセミナーで潜在層の獲得を狙う

SNS広告やディスプレイ広告は潜在層向けの施策です。課題があることを認識していないため、ハードルの高いCVポイントは向きません。ハードルの低いCVポイントでリード獲得を狙っていきましょう。

目的なくSNSやニュース記事を見ている人を意識

BtoBマーケティングの施策としてSNS広告やディスプレイ広告に着手するに当たり、あらためて念を押しておきたいことがあります。それはホワイトペーパーやセミナーなど、ハードルの低いCVポイントを目的としてリード獲得に振り切るべきであることです。

検索広告はBtoB商材に関する情報収集を意欲的に行っている人々にアプローチしますが、SNS広告やディスプレイ広告はそうではありません。休憩時にFacebook/Instagramを眺めている人や、移動中に一般的なニュース記事を読んでいる人など、BtoB商材について積極的に情報収集をしていない人々にアプローチします。

そのため、SNS広告やディスプレイ広告はまだ課題を認識していない潜在層向けの施策であり、潜在層向けであれば自ずと、CVポイントはハードルの低いものが好ましいといえます〔図表53-1〕。一部の商材ではハードルの高いCVポイントで獲得できた事例もありますが、基本的には、ハードルの低いCVポイントを狙ったほうがリードを獲得しやすく、商談や受注にもつながります。

WHITE PAPER
ホワイトペーパー
DL

サービス資料
DL

Webサイト閲覧

無料
トライアル

商談

SNS・
ディスプレイ
広告に適している
CVポイント

営業活動によるフォローがなければ商談化は難しい

Chapter 3で見てきた通り、検索広告は顕在層から問い合わせなどを獲得して商談につなげやすい媒体ですが、検索されなければ広告を表示できないため、ある程度の時期で成果が頭打ちになってしまう可能性があります。SNS広告やディスプレイ広告は、準顕在層や潜在層へと広告配信の対象を広げることで、そのような頭打ちの状況を打破する手段となるでしょう。

しかし、SNS広告やディスプレイ広告からCVしたユーザーは、その時点での意欲は低いため、以降のフォローが重要です。MAを有効活用したり、インサイドセールスの体制を充実させたりしなければ、商談を生み出すことは難しいと考えてください。(二平)

4

S
N
S
・
デ
ィ
ス
プ
レ
イ
広
告

まとめ

SNS広告やディスプレイ広告は特性上、顕在層へのアプローチが難しいです。ホワイトペーパーやセミナーなどのハードルの低いCVポイントでリード獲得に振り切りましょう。

54

SNSの初手は
Meta広告が鉄板

Meta、X、LinkedIn、LINEの媒体特性を理解する

> SNS広告の主要4媒体の特徴を見ていきましょう。
> SNS広告ではターゲティング機能の充実さとユーザー
> 数の多さが肝になります。そのため、最初はMeta広
> 告を優先して取り組むことをおすすめします。

　Chapter 2の最後ではBtoBターゲティング、情報量、ユーザー数を
基準にした媒体優先度を紹介しましたが（P.148）、本節であらためて
SNSの主要4媒体の特徴を確認します。なお、月間アクティブユー
ザー数は株式会社ガイアックスの資料[※1]を参考にしています。

　優先順位としては、Meta広告はBtoBターゲティングの機能やクリ
エイティブの情報量が豊富でユーザー数も多いため、最優先で取り
組みたい媒体です。次にX広告やLinkedIn広告にチャレンジし、攻略
難易度が高いLINE広告は少々後回しにして問題ないでしょう。

> ユーザー数が多いほど
> より多くの人に広告を
> 届けられるね

※1　ガイアックスの資料
2024年2月更新！性別・年齢別SNSユーザー数（X（Twitter）、
Instagram、TikTokなど13媒体）
https://gaiax-socialmedialab.jp/socialmedia/435

Meta 広告

Facebook は 2,600 万人が利用し、30 代以上のユーザーが多い実名制の SNS です。ターゲティング精度が高く、ビジネス上のつながりも多いため、経営者向けの商材とマッチしやすい印象です。Instagram のユーザーは 3,300 万人おり、10 〜 20 代の利用者が多くなっています。

X 広告

X (旧Twitter) は月刊アクティブユーザー数が 4,500 万人で、日本人の約 4 割が利用しています。独自のターゲティング機能をうまく活用できれば、BtoB 商材でも有効活用できる媒体です。30 代くらいのビジネスパーソンが多く、その年齢層をターゲットとした商材とは相性がよいケースがあります。

LinkedIn 広告

日本国内のユーザー数は 300 万人ほどですが、感度の高い若手ビジネスパーソンを中心に利用されています。BtoB ターゲティングの機能が豊富であり、実際に BtoB 商材での活用事例も増えています。

LINE 広告

利用者数が約 9,500 万人と最も幅広い年代にアプローチできるため、広告が当たれば数多くの CV を狙える媒体です。2023 年からは Yahoo! 広告ネットワークパートナーとの連携も進んでいます。BtoB ターゲティングはまだ発展途上という印象です。(二平)

> **まとめ**
> SNS広告では、ターゲティング機能やユーザー数が充実している Meta 広告を優先しましょう。続いて X 広告や LinkedIn 広告へと手を広げていくのがおすすめです。

55

週50件のCVで機械学習は安定する

成果を上げつつMeta広告のパフォーマンスも上げる

> Meta広告では、いかに早く機械学習を働かせて安定したパフォーマンスを出せるかが重要です。まずは週50件のCVを目標にしましょう。ただし「機械学習を回す」ことだけを目指すのは避けてください。

ハードルの低いCVポイントで週50件以上のCVを目指す

Meta広告の公式ヘルプには、週50件以上のコンバージョンを獲得できると機械学習が円滑に働き、パフォーマンスが安定すると記載されています。筆者が実際に運用していても、CV数が多いアカウントはCPAが安定している傾向にあります。

よって、Meta広告の初期目標としては、ホワイトペーパーなどのハードルの低いCVポイントを設定したうえで週50件のCVを獲得し、機械学習を安定的に働かせることを目指してください。

もしハードルの低いCVポイントでも週50件のCVを獲得できない場合は、マイクロCVの設定を検討しましょう。通常のコンバージョンよりもさらにハードルが低くなるので、週50件のコンバージョンを獲得できる可能性が高まります。具体的には、次のようなアクションをマイクロCVとするのがおすすめです。

- LPのコールトゥアクションをクリックした
- LPのフォームに到達した

なお、マイクロCVはLP内で次につながるアクションを対象にするようにしてください。例えば「LPの下部までスクロールした」は、LPをざっと見て離脱したような意欲が低い人も含まれてしまうため、マイクロCVとして適切ではありません。

「機械学習を回す」ことだけを目的にするのはNG

ここまでの説明で「マイクロCVを設定してでも、とにかく週50件のコンバージョンを獲得して機械学習を回せばいいのだな」と感じたかもしれません。しかし、リード獲得や商談・受注につながらなくてもよい、という意味ではないので注意してください。

そもそも機械学習が安定的に働くようになっても、CPAのブレが少なくなる効果はありますが、CPAが大幅に安くなるような変化はありません。Meta広告の場合、CPAを抑えるには機械学習よりもクリエイティブを工夫するほうが効果的です。

近年のネット広告運用において、機械学習をうまく働かせることは非常に重要です。しかし、機械学習を働かせること自体が目的となってしまっては、商談や受注の獲得といった広告の最終目標とはズレた運用になってしまいます。あくまで売上につながるCVポイントで最適化させること意識しましょう。(二平)

> **まとめ**
> Meta広告では週50件以上のCVが発生すると、パフォーマンスが安定しやすいです。一方、ハードルの低すぎるCVポイントで最適化しても、受注にはつながりません。

56

リタゲと類似は Meta広告の定石

サイト訪問者や既存顧客に似た人をターゲットにする

Meta広告で高い成果が見込めるのが「リターゲティング」と「類似オーディエンス」です。リターゲティングは自社サイトを訪問したことがある人、類似オーディエンスは既存顧客に似た人に広告を配信できます。

CVの確度が高い人々をFacebook/Insgargam上で探す

　Meta広告の運用を開始した初動段階では、特に優先して取り組みたい手法として次の2つがよく知られています。

- リターゲティング
- 類似オーディエンス

　リターゲティングは、自社のWebサイトやLPを訪問したことがある人をFacebook/Instagram上で探し、広告を表示する手法です。過去にサイトに訪れているということは、自社商材に関心があることが多いため、CVRも高い傾向にあります。Metaピクセル（※1）と呼ばれるコードをサイト内に設置することで実現できます。

　類似オーディエンスは、基準となるオーディエンス（ソースオーディエンス）に類似した特徴を持つFacebook/Instagramユーザーを広告のターゲットにできる機能です。ソースオーディエンスには、自社の既存顧客のデータを活用するのが一般的です。

※1　Metaピクセル
Meta広告の管理画面から取得できるJavaScriptのコード。自社サイトのHTMLソースコードに書き込む、またはGoogleタグマネージャー経由で動作させることで、ユーザーがサイト内でとった行動を記録できる。

例えば、自社の主な顧客層が40代以上の経営者であれば、そのデータをもとに類似オーディエンスを作成することで、40代以上の経営者のうち既存顧客ではない人をFacebook/Instagram上で見つけて広告を配信できるようになります。

なるべく受注に近い顧客データを類似オーディエンスに活用

Meta広告の類似オーディエンスを活用するポイントとしては、「なるべく受注に近いアクションをした顧客データをソースにする」ことが挙げられます。受注済みの人はもちろん、商談に至った人やMQLに該当する人のデータを収集しておきましょう。

顧客データをソースオーディエンスとして登録するには、メールアドレスや電話番号、企業名、氏名などのリスト(※2)を用意し、Meta広告の管理画面からアップロードします。データはハッシュ化(※3)されたうえで利用されます。

ただし、類似オーディエンスの効果を実感するには、目安として数百件の顧客データが必要です。最低でも100件以上はほしいところで、受注に近いアクションをした顧客に絞ると達成が難しいかもしれません。その場合は問い合わせや資料請求をした人まで顧客データに含めて、件数を担保するとよいでしょう。

なお、顧客データがない場合、自社サイトやLPで特定の行動をした人、例えば問い合わせページやサンクスページまで到達した人をもとに類似オーディエンスを作成することも可能です。あくまで受注に近い顧客データが最善であることは変わりませんが、代替手段として覚えておいてください。(二平)

4

S N S・ディスプレイ広告

まとめ

Meta広告の初動では、リターゲティングと類似オーディエンスの活用を推奨します。類似のもととなる顧客データは、受注に近い顧客であるほどCVの確度が高まります。

※2　リスト
顧客データをCSVファイルやテキストファイルとして記録したもの。Meta広告の管理画面からテンプレートをダウンロードできる。

※3　ハッシュ化
データを特殊な計算方法によって「ハッシュ値」と呼ばれるランダムな値に置き換え、復元できない状態にすること。

57

詳細ターゲット設定を
BtoBでフル活用

業界・役職や興味・関心でのターゲティングが簡単に

Meta広告の「詳細ターゲット設定」機能を使うと、特定の業界に属する人や「人事」に興味がある人などへの広告配信が可能です。BtoB商材に適したカテゴリも多いため、積極的に試してみましょう。

BtoB向けのカテゴリが随時追加されている

Meta広告ではリターゲティングや類似オーディエンス以外にも、多彩なBtoBターゲティングの機能を利用した広告配信が可能です。管理画面のオーディエンス画面にある［詳細ターゲット設定］から、その機能の設定が行えます。

詳細ターゲット設定では［利用者層］［興味・関心］［行動］といったカテゴリを選択でき、利用者層では学歴やファイナンス (収入)、子どもがいる人、仕事などをターゲットの条件として指定できます。［仕事］から［業界］を開くと、次ページの画面のようなカテゴリが用意されています [図表57-1]。

興味・関心はユーザーが「いいね！」した投稿などからターゲットを絞り込みます。キーワードで検索することもでき、例えば「人事」なら興味・関心の［人事労務管理］や［人事管理システム］カテゴリを選択できます [図表57-2]。これらのカテゴリは随時アップデートされているので、自社に適したものが追加されていないか、定期的に確認することをおすすめします。(二平)

利用者層で［仕事］→［業界］を表示した画面〔図表 57-1〕

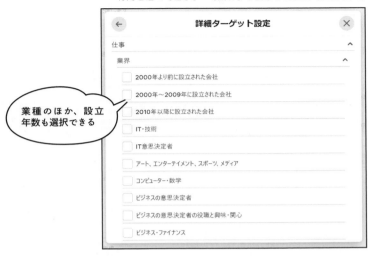

業種のほか、設立
年数も選択できる

興味・関心で「人事」と検索した画面〔図表 57-2〕

人事に関連する
興味・関心を選
択できる

まとめ

Meta広告にはさまざまなBtoB向けのターゲティングが存
在し、定期的にアップデートされています。自社のターゲッ
トに近いものを探してみましょう。

58
クリエイティブで
絞り込む発想も有効

あえて幅広いターゲティングで始めて精度を上げていく

> Meta広告で特定の人に向けたクリエイティブを幅広く配信し、機械学習を回してくことで成果を高めていく手法があります。安定的にCVを獲得する必要はありますが、CPAが安くなる可能性もあります。

Metaが広告に反応する人を自動でターゲティングしてくれる

　Meta広告では、高いターゲティング精度を生かした「クリエイティブでターゲティングする」という運用手法も有効です。大まかな流れとロジックは次のようになります。

①年齢層と性別のみなど、幅広いターゲティングを設定する

②特定の人を明示的に狙ったクリエイティブを作成する

③上記①②で広告配信を開始する

④広告に反応する人をMetaが学習し、ターゲットが絞り込まれる

⑤CV数が蓄積されるほど精度が上がり、成果が高まっていく

　前提として、週50件以上のコンバージョンを獲得できる、Meta広告で数多く出回っている商材であるといったことが必要ですが、こうしたクリエイティブによるターゲティングはBtoBでも可能です。特に業界がホリゾンタルでターゲット数の多い商材が適しており、クリエイティブが強いほど獲得できる母数が大きくなります。

類似オーディエンスよりCPAが安く収まることも

　クリエイティブによるターゲティングを行った事例を1つ紹介しましょう。筆者がバックオフィス系SaaSを支援していたとき、ホワイトペーパーやセミナーの獲得を目的とし、同一のクリエイティブと次の2つのターゲティングでMeta広告を配信しました。

- 類似オーディエンス
- デモグラフィックターゲティング（※1）（23歳以上の男女）

　結果はデモグラフィックターゲティングのほうが、CPAが30%ほど安くなりました〔図表58-1〕。

　Meta広告はCPM（※2）課金であり、広告の表示回数に応じて費用がかかります。最初からターゲティングの幅が狭い類似オーディエンスでは、十分なユーザーにリーチするためのCPMが高くなり、高いCVRを維持できないと目標とするCPAに収まりません。

　一方、デモグラフィックターゲティングはターゲティングを狭めていないため、低いCPMでも幅広いユーザーにリーチします。CVRは低くなりがちですが、CPMが安く済んでいるため、最終的なCPAは目標に収まることがあります。（二平）

ターゲティングによる数値の違い〔図表58-1〕

ターゲティング	CPA	CVR	CPM	CPC
デモグラフィックターゲティング	¥16,775	5.77%	¥4,226	¥968
類似オーディエンス	¥23,823	8.11%	¥6,330	¥1,932

> **まとめ**
> ターゲット数が多く、ハードルの低いCVポイントであれば、デモグラフィックターゲティングで年齢層と性別のみのターゲティングに挑戦してみましょう。

※1　デモグラフィックターゲティング
年齢・性別といったデモグラフィック属性を条件として、それに合致する人だけに広告を配信すること。

※2　CPM
「Cost Per Mille」の略。広告を1,000回表示させるためにかかる費用のこと。

59

機械学習に運用を任せる「ASC」

Advantage+ ショッピングキャンペーンをBtoBで活用する

「ASC」とはMeta広告で利用できる配信手法であり、機械学習で成果を改善していきます。運用工数を減らしながら効果を得ることが可能です。ASCと通常のキャンペーンの3つの違いを見ていきましょう。

CVのハードルが低く対象の広いサービスで活用できる

「ASC」は「Advantage+ ショッピングキャンペーン」の略で、Meta広告において機械学習に運用を任せて成果を改善する配信手法です。その名の通り、商品の販売を目的としたキャンペーンのためBtoBとはあまり関係がなさそうですが、CVのハードルが低く、対象の広いサービスであれば活用できる手法となっています。

ASCと通常のキャンペーンには、主に次のような違いがあります。

①ターゲティングと配信面の設定が自動化される

②1キャンペーンに複数の広告クリエイティブ形式を入稿可能

③新規ターゲットと既存ターゲットを同時に配信可能

まず①ですが、通常のキャンペーンでは運用者がターゲティングや配信面を手動で設定するのに対し、ASCでは配信先の国とクリエイティブを設定するだけとなります。手動設定を最小限にしたうえで、機械学習による成果の高いターゲティングが可能です。

②は、最大150個の広告クリエイティブの入稿が可能です。過去に別のキャンペーンで配信していたパフォーマンスの高い広告を自動でレコメンドし、取り込みをサポートする機能もあります。

③は、ASCで最も特徴的な機能です。例えば、Facebook上で定義した既存のユーザーリストを用いながら、新規ユーザーと既存ユーザーの予算比率を指定した配信が可能です。配信成果はレポート上で、通常のキャンペーンと同様の指標で確認できます。

そのため、配信オーディエンスが新規・既存ユーザーのどちらかに偏りすぎてしまったり、オーディエンス別の成果が細かく確認できなかったりするといった、ネット広告の自動化キャンペーンにありがちな使いにくさがありません。

標準イベント「購入」の計測とデータの蓄積が必要

前節で述べた通り、Meta広告では商材によってはデモグラフィックターゲティングなどの幅広いターゲティングでも成果が出るケースがあります。ASCもCVのハードルが低く、ターゲット数が多いサービスであれば成果が期待できるため、活用を検討してください。

ただし、本書執筆時点では、ASCはすべてのアカウントで利用できるわけではありません(※1)。また、ASCを実施するにはMetaピクセルの標準イベントである「購入」(Purchase)を最適化対象にする必要があります。BtoBでは購入イベントを利用するケースが少ないため、自社のWebサイトやLPで計測可能になっているかを担当部門に確認し、さらにある程度のCVデータがたまってから、ASCに取り組むようにしてください。(二平)

まとめ

機械学習に運用を任せる配信手法であるASCについて解説しました。下準備が必要ですが、ターゲティングが自動化されることで運用工数を減らす効果があります。

※1　Advantage+ ショッピングキャンペーンについて
https://www.facebook.com/business/help/1362234537597370

4

SNS・ディスプレイ広告

60

Instagram面への
配信はマスト

Facebook面のリーチを補うだけでなくCVも見込める

> Instagramへの広告配信を行っていますか？ BtoB
> 商材との関連性は低いと思われがちですが、実際には
> 成果が狙えるSNSです。Meta広告の配信面を手動で
> 選択するときの基本的な考え方について解説します。

手動配置のAudience NetworkはBtoBでは非推奨

「BtoBの場合、Instagramには配信しなくてもいいですか？」と相談
されることがありますが、筆者の回答は「Instagramにも配信すべき」
です。単純にFacebookだけではリーチが不足して機会損失になるこ
とが多いうえ、Instagramからでも十分にコンバージョンが発生する
ことがあるからです。

Meta広告における配信面の選択は、広告作成画面の［配置］セク
ションより行います〔図表60-1〕。手動配置にはFacebook、Instagram、
Audience Network、Messengerの4種類がありますが、Facebookは
もちろん、Instagramの選択も必須としてください。

なお、Audience Networkを選択すると、Metaが提携している多数
のモバイルアプリに広告を配信できます。FacebookよりもCPCが安
くなる傾向にありますが、誤クリックが発生しそうな場所に広告が
表示されるケースも多々あるため、BtoBではCPAが高くなりがちで
す。そのため、基本的には除外を推奨しますが、商材によっては安
く獲得できるため、検証してみるのもよいでしょう。

配置　　　　　　　　　　　　　　　　　　　　　　　詳しくはこちら

Advantage+ 配置(推奨) ✦
Advantage+ 配置を使用して予算を最大限に活用し、より多くの人に広告を配信できます。
Facebookの配信システムでは、最もパフォーマンスが高くなりそうな配置を予測し、それに基
づいて複数の配置に広告セットの予算が割り当てられます。

手動配置
広告を表示する場所を手動で選択します。選択する配置の数が多いほど、ターゲットオーディエ
ンスにリーチしてビジネスゴールを達成できる可能性が高くなります。

デバイス
すべてのデバイス

プラットフォーム

Meta広告の配信面を
選択できる

— Facebook　　　　　　　　　— Instagram

　Audience Network　　　　　　Messenger

配信面ごとのパフォーマンスを定期的に確認

Meta広告の配信を開始したあと、管理画面にある［内訳］から［配
置］を選択すると、配信面ごとのパフォーマンスを確認できます。今
後に注力する配信面やクリエイティブの方針を決めていくうえで参
考になるため、定期的に確認するようにしましょう。

例えば、InstagramのフィードやストーリーズでCVを獲得できて
いると分かれば、それらに最適化したクリエイティブを作成するこ
とで成果の改善が見込めるでしょう。一方、あまりCVを獲得できて
いない配信面があれば、その配信面を除外するか、逆にクリエイ
ティブを練り直して再チャレンジするといった判断が可能です。

管理画面の［内訳］では、ほかにも男女別やデバイス別といったさ
まざまな切り口からパフォーマンスを確認できるので、配信結果の
分析に活用していきましょう。(二平)

4

S
N
S
・
デ
ィ
ス
プ
レ
イ
広
告

まとめ

配信面を手動で管理する場合、ヌケモレがないかもよく確
認してください。アップデートで追加された配信面はデフォ
ルトで選択されず、配信モレが起こることがあります。

61

リード獲得広告を攻略する7つの視点

LP不要、Meta内でセミナーなどのフォーム入力が完結

自社サイトやLPに遷移しなくてもセミナーの申し込みなどができる「リード獲得広告」を解説します。広告内で情報を伝えられ、かつユーザーの入力の手間も省けるため、活用事例が増えています。

ユーザー側の手間を減らし、CVRやCPAの改善が見込める

「リード獲得広告」とは、自社サイトやLPに遷移せずにフォームの入力が完結する広告です〔図表61-1〕。FacebookやInstagramに登録している個人情報が自動的にフォームに入力されるため、ユーザー側の手間が省け、CVRやCPAの改善が期待できます。

Meta広告に取り組む企業で活用事例が増えていますが、運用方法にはクセがあります。少々長くなりますが、本節ではリード獲得広告で成果を上げるための7つのポイントを一気に見ていきます。

① ハードルが低いCVポイントで活用する

② リードの数と質のどちらを重視するのかを決める

③ 広告内の情報量を多くすることに注力する

④ CVRを高めるにはフォーム項目を最低限にする

⑤ フォーム項目を工夫してリードの質を高める

⑥ CRMと連携してコンバージョンリードを最適化する

⑦ コンバージョン後のフォロー体制を準備しておく

自社サイトやLPに
遷移しなくても申し
込みができる

①ハードルが低いCVポイントで活用する

　リード獲得広告は、ホワイトペーパーや無料のセミナーなど、ハードルの低いCVポイントを目的として活用することを念頭に置いてください。LPがなく、広告がユーザーに伝えられる情報のすべてとなるため、必然的に情報量が少なくなるのが理由です。

　有料のセミナーや問い合わせといったハードルの高いCVポイントは、ユーザーが申し込みを判断するうえで十分な情報量が必要となるため、リード獲得広告には向いていません。ハードルの低いCVポイントであれば、最低限の情報でも十分にコンバージョンします。

②リードの数と質のどちらを重視するのかを決める

　リードの数と質のどちらを優先するかは、事業のフェーズなどによって変わってきますが、リード獲得広告は基本的には、数の獲得に向いている手法であるといえます。事業の立ち上げ当初で、まずはリード数を増やしたいときに重宝するでしょう。

　逆に、すでに十分な数のリードが安定的に獲得できているのであれば、LPとハードルの高いCVポイントで質の高いリードを増やすのがよいでしょう。本節で後述する方法で、リード獲得広告でもリードの質を上げていくことが可能です。

4

SNS・ディスプレイ広告

③広告内の情報量を多くすることに注力する

ポイント①とも関連しますが、リード獲得広告はLPに遷移しない分、ユーザーに伝えられる情報量が少ないという弱点があります。そのため、後述する「イントロ」や、広告そのもののクリエイティブの情報量を意識的に多くしましょう。Meta広告に備わる機能やフォーマットを活用することで、効率的に情報量を増やせます。

④CVRを高めるにはフォーム項目を最低限にする

多すぎるフォーム項目に辟易して、入力を断念した経験は誰しもあると思います。WACULが発表している「B2Bサイトのフォームにおけるベストプラクティス研究」(※1)というレポートによると、「フォームの項目数と通過率には強い負の相関があり、項目を1つ減らすと通過率は約2%pt改善する」という結果が出ています。

筆者が支援している企業でも、フォーム項目が少ないほどCVRがよくなるため、CVRを重視するなら最低限にしましょう。

⑤フォーム項目を工夫してリードの質を高める

フォーム項目を減らすほどCVRは高くなりますが、ダウンロードや申し込みが簡単にできるため、リードの質が落ちやすくなります。逆に、フォーム項目を増やすとモチベーションの低いユーザーが離脱するため、リードの質が高まる傾向があります。

運用に慣れるまでは大変かも。
これらのポイントを意識して
やってみてね

※1　B2Bサイトのフォームにおけるベストプラクティス研究
https://wacul.co.jp/lab/posts/b2b-form-best-practice/

また、フォーム項目はCVしたあとの営業効率にも関係します。例えば、CRMツールのリードを獲得する場合、業種や役職、従業員数をフォームに入力してもらうことで、リードに優先順位を付けつつ、その後の営業の流れや提案の内容を変化させることができます。ポイント④とのバランスもとりながら、項目を調整してください。

⑥ CRMと連携してコンバージョンリードを最適化する

Meta広告では最適化対象を［リード］と［コンバージョンリード］から選択でき、前者はリードの数を増やすように、後者はリードの質を高めるように最適化が働きます。

コンバージョンリードを活用するには、Meta広告のコンバージョンAPIを導入して自社のCRMと連携するといった高度な設定が必要になります。しかし、この連携によってCRM内にあるステータス（商談化、商談中、受注など）をMeta広告のイベントとして定義でき、それらを最適化の対象とした広告配信が可能です。

⑦ コンバージョン後のフォロー体制を準備しておく

繰り返しになりますが、ネット広告でリードを獲得しても、その後のフォローをしっかり行わなければ商談や受注にはつながりません。そのため、リード獲得広告を配信する前に、以降のフォロー体制をある程度固めておくことをおすすめします。

例えば、ホワイトペーパーをCVポイントとするなら、ダウンロード後のサンクスメール送付は最低限、実施することを推奨します。リード獲得広告では気軽にダウンロードできるため、忘れてしまう人も多いためです。サンクスメールの自動送付はMAツールのほか、Meta広告と連携できる「Zapier」（※2）も便利です。

資料請求をCVポイントとするなら、直ちに架電できる体制を構築しておくとよいでしょう。資料請求は商談化率が高いCVポイントになるため、早めの対応をすることで、リード獲得広告を起点とした商談化にも十分につながります。

※2 Zapier（ザピアー）
複数のツールを連携させたワークフローを設定し、
さまざまな動作を自動化できるツール。
https://zapier.com/

4

S N S ・ デ ィ ス プ レ イ 広 告

「イントロ」セクションで最低限の情報量を確保

ポイント③で、リード獲得広告ではクリエイティブの情報量を意識的に多くすべきと説明しました。ここからは、そのためにどのような機能や手段があるのかを見ていきましょう。

まず活用したいのが「イントロ」です。リード獲得広告は、広告のタップ後にイントロが表示され、その後にフォームが表示される仕組みになっています。つまり、イントロは簡易的なLPと言い換えられ、ここで自社の製品・サービスの説明や、フォームを送信することのメリットを伝えることが重要になります。

例えば、Facebookのタイムラインに流れてきた無料セミナーの広告をタップしたとき、以下の2つの画面がイントロとして表示されたとします〔図表61-2〕。

リード獲得広告のイントロの例〔図表61-2〕

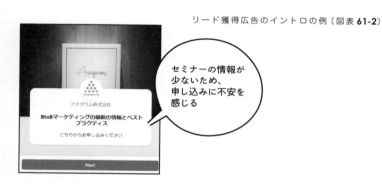

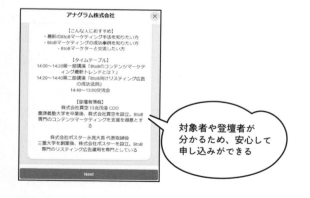

前ページの上の画面では、いくら無料のセミナーとはいえ、情報量が少なすぎて申し込むのが不安になりませんか？　下の画面のように、セミナーに参加するメリットやタイムテーブル、登壇者といった情報は、必ず揃えておくべきでしょう。

　LPがすでにあるなら、その説明文を流用しても問題ありません。ホワイトペーパーでリード獲得広告を実施する場合も、「こんな人におすすめ」といったターゲットやダウンロードで得られるメリットなど、最低限の情報をイントロで伝えるようにしてください。

［ストーリーを構築］機能でイントロの見せ方を改善

　近年のアップデートにより、リード獲得広告に［ストーリーを構築］という機能が追加されました。以下の画面にある［しくみ］［商品］［ソーシャルプルーフ］［インセンティブ］といった情報を、イントロに適切に付与できます〔図表61-3〕。

　例えば［しくみ］なら、ステップごとにタイトルと説明文を入力できます。セミナーのリード獲得広告で、申し込みの手順や受講の流れなどを伝えたいときに適したフォーマットです。

［ストーリーを構築］の設定項目〔図表 **61-3**〕

ストーリーを構築・任意
セクションを追加して、ビジネスについて更に詳しくオーディエンスに伝えましょう。

しくみ
登録や利用を開始〔［しくみ］は申し込みの手順などをイントロに掲載するときに適している〕のメリットを伝えましょう。

商品
あなたの商品、サービス〔…〕て説明します。

ソーシャルプルーフ
顧客からのレビューや、何らかのニュース記事、格付け、または認定があれば追加します。

インセンティブ
無料トライアルや無料相談などのメリットを提供することで、自分の情報を提供してもいいと考えてもらうことができます。

［商品］では画像とタイトル・説明文、箇条書きの項目を記載できます。ホワイトペーパーが何種類かあったり、セミナーのタイトルが複数あったりするケースで利用するとよいでしょう。

［ソーシャルプルーフ］は、クチコミやレビューなどを入力するのに適したフォーマットです。画像を追加できるほか、タイトルと評価内容という項目に分かれています。［インセンティブ］はキャンペーン情報など、広告経由での申し込みで特別にユーザーに提供できる価値がある場合に利用してください。

広告クリエイティブは情報量の多いカルーセルを推奨

リード獲得広告の情報量の少なさを補うため、広告そのもののクリエイティブも工夫していきましょう。Meta広告にはさまざまなフォーマットがありますが、中でもおすすめなのがカルーセルです。カルーセルでは複数の画像を紙芝居形式で見せられるため、イントロの前の段階から情報量を多くできます。

また、動画も情報量の多いクリエイティブフォーマットです。動画を制作できる体制が整っているのであれば、動画広告とリード獲得広告を組み合わせるのもよいでしょう。

フォームの［条件付きロジック］で質の高いリードに絞る

ポイント⑤では、リード獲得広告でリードの質を高めるには、フォーム項目を増やすことを説明しました。それに加えて、近年のアップデートで追加された［条件付きロジック］という機能もリードの質の向上に役立つため、ここで触れておきましょう。

リード獲得広告のフォーム作成時に条件付きロジックを有効にすると、ある項目（質問）で特定の回答をした人に別の質問を表示したり、特定の質問に回答したら情報を送信してフォーム入力を完了したり、といった動作を指定できます〔図表61-4〕。

例えば、広告予算についての質問を作成し、［100万円未満］と回答した人には「現在は受付できません」と表示し、［100万円以上］と回答した人には「具体的な金額を教えてください」という質問を表

示するようなロジックを構築できます。特定の条件を満たすリードのみを抽出したいケースで役立つでしょう。

さらに、リード獲得広告では［大量用］［高い意向］［リッチクリエイティブ］という3種類のフォームを選択できます。［大量用］はフォーム入力後の確認画面を表示しないため、情報の送信が素早く行われるという特徴があります。

［高い意向］は確認画面が表示されるため、その時点での離脱が増えることでCPAが上がる可能性が高いです。一方で誤送信が減るため、結果的に［大量用］よりもリードの質が高まり、自社商材への関心が高い人が集まる傾向があります。

［リッチクリエイティブ］は近年のアップデートで追加されたもので、リード獲得広告のタップ後、イントロの前に画像と説明文を挟むことができます。情報量を多くできるフォームタイプとして、効果が期待できるかもしれません。（二平）

［条件付きロジック］の設定画面〔図表 **61-4**〕

62

Cookieに頼らない CV計測手段を準備せよ

コンバージョンAPIや手動詳細マッチングを導入する

> サードパーティCookieの廃止などの影響により、Cookieベースの計測が難しくなっています。Meta広告の「コンバージョンAPI」や「手動詳細マッチング」を利用して、コンバージョン計測を行いましょう。

「Cookieレス」の影響がいよいよ大きくなる

従来のネット広告は、Cookieを利用してコンバージョンの計測やターゲティングを実施してきました。自社のWebサイトから発行されるファーストパーティCookieと、広告媒体などから発行されるサードパーティCookieの両方が前提となり、ユーザーの行動履歴に基づいたピンポイントな広告配信を可能にしていたわけです。

しかし、個人情報保護の機運が国際的に高まり、AppleがITP(※1)を実装したことを皮切りに、Cookieを廃止する動きが進んでいます。GoogleではChromeにおけるサードパーティCookieの廃止を2024年内に完了する予定であり、いよいよCookieベースの計測手段のみに依存することは難しくなってきています。

各広告媒体ではそれぞれに対策が打ち出されていますが、Metaにおいては、コンバージョンAPIが提供されています。これはWebサイトに実装されたMetaピクセルの代わりに、広告主が持つクライアントサーバーからMetaの広告サーバーに対して、イベントデータを直接送信する仕組みになります〔図表**62-1**〕。

※1 ITP
「Intelligent Tracking Prevention」の略で、iPhoneやMacの標準ブラウザー「Safari」に実装されたトラッキング防止機能のこと。ファーストパーティCookieであっても無効化・削除の対象となる。

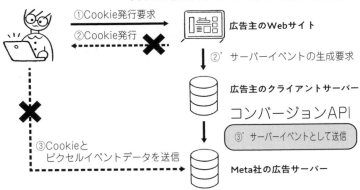

①Cookie発行要求
②Cookie発行
広告主のWebサイト
②´ サーバーイベントの生成要求
広告主のクライアントサーバー
コンバージョンAPI
③´ サーバーイベントとして送信
③Cookieと
ピクセルイベントデータを送信
Meta社の広告サーバー

　CVの計測モレは、広告の費用対効果が悪化するだけでなく、機械学習が有効に働かなくなるという意味でも深刻です。自社サイトにコンバージョン API を導入することで、Cookieの制限を受けたとしても、CV計測の精度を高く保てるようになるでしょう。

　しかし、コンバージョン API の導入難易度は高く、断念せざるを得ないケースもあるはずです。その場合の代替手段として、Meta 広告では「手動詳細マッチング」という手法も用意されています。

　手動詳細マッチングは、Meta ピクセルに数行のコードを追加するだけで導入でき、Meta ピクセルを通して広告サーバーにファーストパーティデータを送信することが可能になります。Facebookのスマホアプリで広告をタップしたあと、PCのブラウザーでCVしたようなケースでも、高い精度での計測を継続できるとされています。

　いずれの手法も、導入には社内のシステム部門の支援が必須となるでしょう。アナグラムのブログ〈※2〉〈※3〉ではより詳細な情報を発信しているので、そちらも参考にしてください。（二平）

> **まとめ**
> Cookieに依存したCV計測が難しくなっています。コンバージョンAPIや手動詳細マッチングといった手法を検討し、この流れを乗り切っていきましょう。

4
S
N
S
・
デ
ィ
ス
プ
レ
イ
広
告

※2　Facebook広告のコンバージョンAPIを導入する前に知っておきたい5つの事
https://anagrams.jp/blog/5-things-need-to-know-before-introducing-facebook-capi/

※3　Facebook広告のコンバージョンAPI（CAPI）とは何か？を理解する前に知っておきたいこと
https://anagrams.jp/blog/facebook-conversions-api/

63

BtoBの主役バナーは 1:1

勝ちクリエイティブを早期に見つけてサイズ展開する

Meta広告ではさまざまな配信面に掲載できるため、どのサイズのクリエイティブを優先すればよいのだろう……と迷った経験はありませんか？ BtoBではフィード面に掲載される1:1バナーを優先しましょう。

ビジネスパーソンにリーチしやすいのはフィード面

　Meta広告では、FacebookのフィードやInstagramのストーリーズ、Messengerの受信箱など、複数の配信面への掲載が可能です。また、静止画だけでなく動画やカルーセル、インスタントエクスペリエンス[※1]といった豊富なフォーマットも提供されています。

　さらに、配信面に応じて推奨されるサイズが異なるため、1つのクリエイティブに対して1:1の正方形、9:16の縦長、1.91:1の横長など、複数のサイズを用意することもあります。

　しかし、BtoBの広告では「静止画の1:1」を最優先で制作することを推奨します。2024年現在のトレンドでは縦長の動画広告が主流ですが、縦長動画が主に掲載されるInstagramのストーリーズやリールよりも、FacebookやInstagramのフィードのほうが、ビジネスパーソンにリーチしやすい傾向があります。

　そのため、縦長動画のクリエイティブを制作してもコンバージョンを出しにくく、フィードでの掲載に向いている静止画の1:1バナーのほうがパフォーマンスが高くなるケースが多いといえます。

※1　インスタントエクスペリエンス
スマートフォンでタップするとフルスクリーンで表示される広告フォーマットのこと。Facebook/Instagramのフィードやストーリーズに配信できる。

工数をかける順番を間違えないようにしよう

　正方形のクリエイティブは、Meta広告以外にもGoogle広告のデマンドジェネレーションキャンペーンやX広告といった他媒体にも展開できます。そのため、制作の工数に対してプロモーションの効果が高いことも、大きなメリットです。

　新しくクリエイティブを制作するとき、最初からすべてのサイズを用意するのはリソースの面で大きな負担となります。そもそも、まだ勝ち筋が見えていない状態で、カルーセルや動画といった制作工数がかかるフォーマットにチャレンジするのは考え物です。

　制作工数がかかるということは、クリエイティブの本数が確保できず、検証のスピードが遅れることを意味します。検証のスピードが遅れれば、成果が出る広告を見つけられないまま、多額の広告費をかけ続けることになりかねません。

　同じ工数をクリエイティブに割くのであれば、静止画の1:1バナーのテストを1つでも多く実施し、できるだけ早く「勝ちクリエイティブ」を見つけてください。それを見つけたあとに複数のサイズへと展開したり、動画やカルーセルなどのフォーマットへと掘り下げたりする流れを意識しましょう〔図表**63-1**〕。（仙波）

クリエイティブ制作の優先順位〔図表**63-1**〕

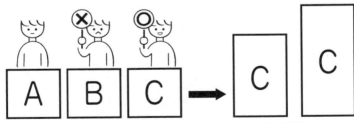

効果があった1:1バナーをほかのサイズに展開

> **まとめ**
>
> BtoB商材では、FacebookやInstagramのフィード面に向けたクリエイティブの優先度が高くなります。まずは静止画の1:1バナーを作り、勝ちパターンを見つけましょう。

64

X広告は
商材によっては穴場

ターゲティングと拡散力を生かせば低CPAで運用可能

> Xはユーザー数が多く、ビジネスパーソンに多く利用
> されています。それに加えて拡散力も高いので、多く
> のユーザーにリポストされるような広告ができれば、
> 低コストで情報を発信できます。

BtoBの分野でもインフルエンサーが登場している

　X広告は、特にセミナーやホワイトペーパーといった情報収集に活用できるCVポイントと相性がよく、低CPAでコンバージョンを獲得できる事例も増えています。媒体特性を理解したうえで商材との相性を考慮し、運用に取り入れていきましょう。X広告をBtoBで活用するポイントとしては、次の3つがあります。

①ユーザー数が多くビジネス系のアカウントも多い
②ターゲティングがハマると低CPAで獲得できる
③クリエイティブの情報量が多く拡散力が高い

　まず①ですが、Xの月間アクティブユーザー数は4,500万人と、主要SNSのうちLINE、YouTubeに次ぐ多さとなっています。また、単に多いだけなく、近年ではマーケティングや人事関連など、ビジネスに関する投稿を行うユーザーが増えており、いわゆる「インフルエンサー」に相当する人々がBtoBの分野でも登場してきています。

広告代理店のオグルヴィが行った調査[※1]では「B2Bビジネスの75%は、すでにB2Bインフルエンサーをマーケティングキャンペーンに活用している」と報告されています。インフルエンサーを活用したマーケティング施策は、もはやBtoCだけのものではなく、BtoBでも一般化してきていることが分かります。

ほかの媒体に比べてCPCが安く当たれば強い

次に②ですが、X広告はGoogleの検索広告やMeta広告と比較すると、CPCやCPMを安く抑えられる媒体です。BtoB商材の検索広告ではCPCが500円を超えるケースがよくありますが、X広告では多くの場合、数十円〜100円程度に収まります。

そのため、X広告はCPAを抑えやすいといえますが、Meta広告のように類似ターゲティングに任せておけば成果が出るというわけではなく、あくまでターゲティング次第です。詳しくは次節で解説しますが、X独自のターゲティング機能を組み合わせて、自社の製品・サービスにマッチする人に確実に広告を届けていくことが重要になります。

なお、BtoBのリード獲得にX広告を活用している事例がまだ少ないことも、低CPAを実現しやすい一因であると思われます。

リポストで拡散されるほどコスパが高くなる

最後の③は、X広告にはクリエイティブフォーマットが豊富にあり、動画やカルーセルを組み合わせることで、1つの広告に多くの情報量を持たせられるという特徴を表しています。

さらに、Xの最大の強みがリポスト（リツイート）による拡散力の高さです。一般ユーザーが投稿するオーガニックツイートと同様に、X広告もリポストや「いいね」ができます。リポストされた広告には費用がかからないため、多くのユーザーに拡散されるほど、低コストで情報を届けられます〔図表64-1〕。

よって、Xではターゲティングに加え、いかにリポストや「いいね」をされる広告を作成するかも重要になってきます。

※1 「B2Bインフルエンサー」の需要が急増…最新調査による重要ポイント5つ
https://www.businessinsider.jp/post-275891

4

SNS・ディスプレイ広告

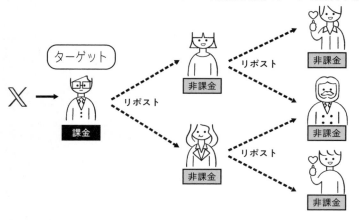

　筆者のおすすめは、自社のXアカウントで反応がよかった投稿を広告として配信し、ブーストをかけることです。また、最近ではX上で資料をチラ見せして「興味がある方はフォロー＆リポストしてください」と呼びかける投稿が流行っていますが、このような投稿を広告でブーストすると、拡散される可能性が高まるでしょう。

自社商材のターゲットがX上にいるかを事前に確認

　X広告の運用を検討するときには、自社の製品・サービスとX広告がマッチするかを特に意識してください。自社商材のターゲットがX上で情報収集をしている属性なのか、そして、X上でどのようなターゲティングを行えば、その属性の人々にアプローチできるのかの答えが出せれば、X広告をうまく活用できるはずです。

　逆に、ターゲットユーザーが普段からXで情報収集をしていない業界の場合、実施を見送ることをおすすめします。(二平)

まとめ

筆者が所属するアナグラムでも、Xの運用には力を入れています。Xをきっかけに問い合わせをする人も一定数おり、影響力の高さを実感しています。

65

X特有の機能で
ターゲットに迫れ

顧客解像度を高めてキーワード＆フォロワーを見抜く

> X広告のターゲティング機能について見ていきましょう。「キーワード」のほかに「フォロワー」でもターゲティングできますが、フォロワーターゲティングでは、ユーザーの理解が必要不可欠です。

ターゲットの投稿を想像してキーワードを選定

Xでは、自社商材にマッチする人に確実に広告を届けることが重要であると前節で述べました。そのためには、X広告に特有の、次の2つのターゲティング機能を駆使していくことになります。

- キーワードターゲティング
- フォロワーターゲティング

キーワードターゲティングは、指定したキーワードを直近約1週間以内に検索したユーザーや、そのキーワードを含む投稿を行ったユーザーに広告を配信できる機能です。

筆者の事例を挙げると、店舗向けSaaSのリード獲得でX広告を実施したとき、「開店します」「ランチ営業」というキーワードへのターゲティングでコンバージョンを獲得できました。これらは店舗の公式アカウントやオーナーのアカウントが投稿していることが多いため、ターゲットに正しくアプローチできたのだと思います。

このようなキーワードは、自社商材に関連するキーワードをただ羅列していくだけでは出てこず、「ターゲットとなる人はX上でどのような投稿をしているだろうか？」という思考を巡らすことで発想できるものです。つまり、顧客解像度をいかに高めるかが、X広告のターゲティングの精度に直結します。

フォロワーターゲティングで意識したい３つのポイント

　もう１つのフォロワーターゲティングは、X広告の管理画面にある［フォロワーが似ているアカウント］という項目が該当します〔図表 **65-1**〕。指定したアカウントのフォロワーとよく似た興味関心を持つユーザーを対象に、広告を配信できる機能です。

　ターゲットにしたい人たちが、普段どのようなXアカウントをフォローしているのかを想像し、そのアカウントをリストアップしてみましょう。特に、次の３つを意識してください。

①業界で権威のあるアカウント

②自社や競合他社のアカウント

③フォロワー数が多いときは要注意

X広告の［フォロワーが似ているアカウント］〔図表 **65-1**〕

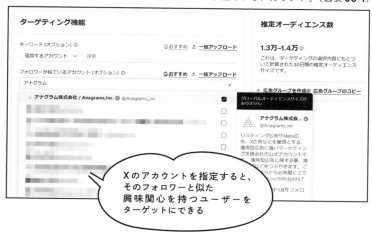

実際のフォロワーや投稿も確認したうえで吟味する

①は、例えばBtoBマーケティングなら株式会社才流の栗原康太氏〈※1〉というように、ターゲットとする業界で権威や知名度があるアカウントを洗い出してみましょう。著名な個人の方に限らず、業界のニュースを発信しているアカウントなども有効です。

②は自社は当然として、競合他社のアカウントがあればターゲットとして検討しましょう。ただ、企業やブランドの公式アカウントのフォロワー数は、BtoCでは十分に多くて有効なこともありますが、BtoBではそうもいきません。参考程度に留めてもよいでしょう。

③については、単にフォロワー数が多ければよいというわけではないということです。本当に自社商材のターゲットになり得るのか、そのアカウントのフォロワーを事前に確認しておきましょう。似たようなアカウント名や休眠アカウント、不自然な投稿が多い場合、フォロワーを購入している可能性もあります。

また、そのアカウント自体の投稿内容も過去に遡ってチェックしてください。初見ではターゲットに適していると感じても、よくよく見るとそうではなかったということがあります。例えば、筆者が飲食店事業者のアカウントを探していたとき、一見すると業界関係者のフォロワーが多そうに感じたものの、実際にはレシピなどの投稿が多く、一般のフォロワー向けだったことがありました。

総じておすすめといえるのは、フォロワーが数千人程度で、常に業界のニュースやノウハウを発信しているようなアカウントです。顧客解像度を高めながら、自社商材に興味を持ちそうな人々がフォローしているアカウントを想像してみてください。(二平)

4 SNS・ディスプレイ広告

> **まとめ**
>
> X特有の機能を活用すれば、商材によってはピンポイントでターゲティングが可能になり、成果を上げることができます。X内での行動の解像度を上げていきましょう。

※1 栗原康太氏のXアカウント
https://twitter.com/kotakurihara

66

LinkedInには
BtoB向けの土壌がある

ビジネス特化SNSならではのターゲティングが魅力

> LinkedInはユーザー数は少ないですが、ビジネス特化のSNSという他媒体とは異なる特徴を持っています。そのため、LinkedIn広告のターゲティングもBtoBに適したものが多く、活用しない手はありません。

情報収集やキャリアアップに前向きなユーザーが多い

LinkedInの最大の特徴は、ビジネスに特化したSNSであるということです。アメリカではLinkedIn経由で転職する人も多いとされ、ビジネスにまつわる情報や新しいキャリアを求めて利用するユーザーに支持されています。

公式の媒体資料によれば、日本においても「キャリアを伸ばしたい」「新しい機会を探す」「リーダーや専門家から学びたい」といった理由での利用が多くなっています。Meta広告やX広告と比べて、ビジネスに関する広告を配信しても受け入れられやすい土壌ができあがっていると考えられるでしょう。また、ユーザーの職種としてはビジネスディベロップメント（事業開発）や営業、エンジニアが上位で、次のような属性を持つことが紹介されています。

- 5年以上の経験　　84%
- マネージャー以上　38%
- 日系企業に勤務　　74%

他媒体よりもビジネス軸のターゲティング設定が豊富

　転職のために利用するケースがあるだけに、LinkedInのユーザーは自身のキャリアや現在の役職・職種といった情報を正確に入力しています。これはつまり、それらの情報を条件とした高精度なターゲティングが可能である、ということです。

　ターゲティングの分類は下図に示した5種類があり、特に職務経験の細かさは他媒体にない粒度となっています〔図表66-1〕。さらに、興味関心に基づくターゲティングも、Meta広告などと比べてビジネス寄りのカテゴリが多い印象です。加えて、LinkedIn広告でも類似ターゲティングが可能なので、すでに顧客リストがあるなら積極的に活用していきたいところです。（二平）

LinkedInにおけるターゲティングの分類〔図表66-1〕

会社情報	学歴・教育	職務経験	興味	デモグラフィック
・会社名 ・業界 ・会社規模 ・会社のつながり ・会社の 　フォロワー	・卒業校 ・専攻 ・学位	・役職 ・職務 ・経験 ・勤務年数 ・スキル	・所属グループ ・興味・関心 ・カスタム 　セグメント	・年齢 ・性別

> **まとめ**
>
> ビジネスSNSの運用型広告の中では最大級の媒体であり、BtoBターゲティングが豊富です。ユーザー数が少ないからと後回しにせず、チャレンジしてみましょう。

67

LinkedIn広告は
Metaの延長から始めよ

クリエイティブを流用しつつ、丁寧に運用する

> LinkedIn広告の運用は、Meta広告のクリエイティブを流用するところから始めてみましょう。CVポイントとしては、やはりホワイトペーパーなどのハードルの低いもののほうが成果が上がりやすくなります。

Meta広告ではリーチできない層にアプローチできることも

LinkedInがビジネス向けのSNSであるとはいえ、検索広告のように特定の情報を自発的に探しているユーザーは少ないといえます。よって、LinkedIn広告もほかのSNS広告と同様に、ホワイトペーパーやセミナーといったハードルの低いCVポイントを目的として配信することをおすすめします。

そもそもLinkedInは、月間アクティブユーザー数が300万人と他媒体よりも少ないため、CPCやCPMが高くなりがちです。CVRが低い問い合わせなどはCPAが高騰しやすく、相性がよくありません。

しかし、ホワイトペーパーをCVポイントとした場合、Meta広告と比較してCPAが10～20％ほど高くなるものの、MQL化や商談化につながりやすい感触があります。外資系や大手企業など、Meta広告ではリーチできない層にもアプローチできる印象もあり、LinkedIn広告ならではのメリットが確実に存在します。

クリエイティブは動画やカルーセルなどが用意されており、基本的にはMeta広告と同じイメージで配信できると考えてください。

勝ちクリエイティブをLinkedIn広告でも活用

　LinkedIn広告の運用に着手するに当たっては、Meta広告のクリエイティブを流用するところから始めるとよいでしょう。Meta広告で勝ち上がった静止画の1:1バナーを、LinkedIn広告でも流用するだけでも一定の成果が狙えるはずです。

　また、Meta広告のリード獲得広告に相当する「リード獲得フォーム」という手法が利用できます。LinkedInのユーザーはFacebookよりも詳細にビジネス情報を登録している傾向があるため、獲得できるリードの質も高いと考えられます。BtoB向けのメニューでCVRも高いため、積極的にチャレンジしてみてください。

丁寧な運用で自動入札の精度を補う

　LinkedIn広告はMeta広告との共通点も多いですが、自動入札の精度に関してはMeta広告ほど優秀ではない、というのが筆者の所感です。そのため、ターゲティングをしっかりと定めたうえで、クリエイティブを入れ替えたり、カルーセルや動画を組み合わせたりして、目標とするCPAに手動であわせていく運用になるでしょう。

　また、リード獲得フォームは広告をタップしても、フォームで離脱してしまうユーザーがMeta広告よりも多いように感じます。クリエイティブの情報量を多くしたり、フォーム入力のメリットを記載したりすることで、CVRを高く保つ工夫が必要でしょう。LinkedIn広告を成功に導くコツは、Meta広告の延長で始めつつ、より丁寧に運用することにあるといえます。(二平)

> **まとめ**
>
> LinkedIn広告でも、ハードルの低いCVポイントにすることが大切です。Meta広告で成果のあった広告クリエイティブを流用すると、運用のハードルが低くなります。

68

LINE広告は
他媒体をやりきってから

ユーザー数は圧倒的だがBtoBでの攻略難易度は高い

> LINEはユーザー数が多いため、他媒体よりも多くの
> 人に情報を届けられますが、BtoBターゲティングの
> シグナルが少ないため、運用は難しくなっています。
> リターゲティングに特化するなどの工夫をしましょう。

電話番号での類似ターゲティングもあるが効果は限定的

　LINEは9,500万人の月間アクティブユーザー数を誇る、SNS広告としては国内最大の媒体です。そのため、ヒットすれば一気にCV数を稼げるポテンシャルがあるのですが、BtoBでは次の2つの理由により、攻略難易度が高くなっています。

①BtoBターゲティングのシグナルが少ない

②クリエイティブの情報量が少ないためLPの工夫が必要

　①は、LINE広告のターゲティング機能に問題があるわけではなく、むしろ多彩な分類が用意されており、職業や趣味・関心、地域などを条件にできます。しかし、BtoB向けのターゲティングにつながるシグナルは、他媒体に比べると多くありません。

　また、LINE広告には電話番号をもとに類似ターゲティングを行う機能もありますが、プライベートと仕事では電話番号が異なる可能性が高く、BtoBでの効果はあまり期待できないでしょう。

リターゲティングに注力して再訪問を促すのも手

②は、トークリスト上部に表示される広告のように、サイズが小さい配信面が多く存在することと関係しています。BtoB商材はBtoCよりも複雑なものが多いため、広告クリエイティブの情報量を多くする必要がありますが、LINE広告ではそれが難しいため、遷移先のLPでしっかりと情報を伝える工夫が求められます。

さらに、通常のLPよりも噛み砕いて分かりやすくした記事LP ^(P.182) を用意することも、LINE広告を攻略するうえでは重要になります。LINE広告ではBtoC商材であっても、記事LPを挟まないとCPAがあわないケースがあるため、BtoBではなおさらです。

このように、LINE広告は運用のハードルが高いため、Meta広告をはじめとした他媒体で成果が出ていて、さらにCV数を増やしたい段階で取り組むことを推奨します。ターゲット数が多い商材で、かつ無料セミナーのようなハードルの低いCVポイントであれば、成果を上げられる可能性が十分にあるでしょう。

なお、オウンドメディアを運営していたり、自社サイトへの訪問数が多かったりする場合は、LINE広告をリターゲティングのみで配信することも検討しましょう。サイトに興味を持って訪れた人をLINE上で探してターゲティングするため、CVRを高い水準に保ちながら、機会損失を防ぐ運用ができるようになります。(二平)

4

S N S ・ ディスプレイ広告

まとめ

LINE広告はBtoBターゲティングの精度やクリエイティブの情報量の少なさから、難易度の高い媒体です。よりCV数を増やしたいフェーズでチャレンジしてください。

69

ディスプレイ広告は
5種類を優先的に

いずれもハードルの低いCVポイントでの配信が効果的

> BtoBマーケティングの施策として、ディスプレイ広告にも取り組んでみましょう。「GDN」「YDA」をはじめとした優先すべき媒体・種類の特徴と、筆者が考えるそれぞれのポイントを紹介します。

幅広くアプローチして新規獲得やリタゲに活用

　ニュースサイトやブログ、アプリなどの広告枠に表示されるディスプレイ広告は、SNS広告と同様に、ニーズが顕在化していない状態のユーザーに対して配信されます〔図表69-1〕。よって、ハードルの低いCVポイントを目的とした配信や、機会損失を防ぐためのリターゲティング配信をメインとした運用をおすすめしています。

　ディスプレイ広告にもさまざまな種類がありますが、BtoBで主に活用したいものは「GDN」「YDA」「Microsoftオーディエンス広告」「デマンドジェネレーションキャンペーン」「P-MAXキャンペーン」の5つとなります。それぞれの特徴を順に説明しましょう。

ディスプレイ広告は
ハードルの低いCVポイントで
リード獲得を狙うことが
重要なんだね！

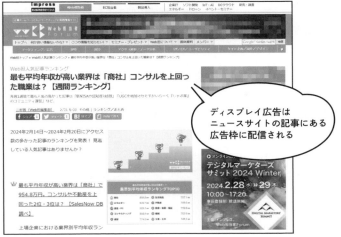

ディスプレイ広告は
ニュースサイトの記事にある
広告枠に配信される

GDN

YouTube と Gmail に加え、3,500万もの Web サイトやアプリにディスプレイ広告を出稿できるのが GDN（Google ディスプレイネットワーク）です。日本国内のほとんどのサイトやアプリが配信先となるので、ボリュームを出そうと思えばいくらでも出せるのが特徴ですが、新規獲得の攻略難易度はやや高くなります。社内に運用の知見がない場合は、リターゲティングのみの配信でも問題ないでしょう。

自社商材のターゲットがよく見ているサイトが分かれば、プレースメントターゲティング〈※1〉によって狙い撃ちすることも可能で、うまくハマれば CV 数を大きく稼げます。一方で、アプリやファイルダウンロード系のサイトでは、誤クリックが発生しやすい面が多く存在するため、丁寧に除外設定を行う必要があります。

YDA

YDA（Yahoo! ディスプレイ広告）では、老舗ポータルサイトである「Yahoo! JAPAN」をはじめ、「朝日新聞デジタル」「東洋経済オンライン」といったパートナーサイトに広告を出稿で

※1　プレースメントターゲティング
特定の Web サイトやアプリ、動画など、配信面を
指定して広告を配信する手法のこと。

4

SNS・ディスプレイ広告

きます。名だたる大手メディアが配信面として揃っている
ほか、Yahoo! Japan ID に基づいた高精度なターゲティン
グができるのも特徴です。

筆者が過去に支援した案件では、GDN と YDA のコンバー
ジョンを比較したとき、YDA のほうが商談化率がよかった
事例がありました。BtoB でもしっかり運用すれば成果が出
るので、力を入れて運用したい媒体です。

Microsoft オーディエンス広告

2022年に日本市場でローンチされ、注目を集めている媒
体に Microsoft 広告があります。Bing に検索広告を掲載で
きる媒体として知られていますが、同媒体におけるディス
プレイ広告の名称が Microsoft オーディエンス広告です。
MSN や Outlook.com、各種パートナーサイトから構成され
る Microsoft Audience Network に向けて配信されます。

主要な配信面がマイクロソフトのサイトであることに加え、
パートナーサイトも直接審査しているなど、ブランドセー
フティの面で安心感があります。また、PC での利用が多い
のも特徴で、BtoB 商材と相性がよいといえます。

デマンドジェネレーション
キャンペーン

Google 広告のキャンペーンの一種で、YouTube、Google
Discover(※2)、Gmail など、Google が保有している配信面
にディスプレイ広告を掲載できます。バナーをしっかりと
掲載できるため、伝えられる情報量が多いのが特徴です。

デマンドジェネレーションキャンペーンは広告の品質が高
いだけでなく、Google が保有する配信面であるため、柔
軟で精度の高いターゲティングが期待できます。BtoB での
活用事例も増えてきているので、「聞いたことはあるが取
り組んでいなかった」という人には、ぜひおすすめしたい
配信手法だといえます。

※2　Google Discover
ユーザーの興味関心に基づいて、Google が自動的
にコンテンツを提案する機能のこと。Google アプ
リや Google のモバイルサイトに表示される。

P-MAXキャンペーン

P-MAXキャンペーンも、Google広告のキャンペーンの一種です〔図69-2〕。1つのキャンペーンでGoogleのすべての広告枠（検索、ショッピング、ディスプレイ、YouTube、Discover、Gmail、マップなど）に広告を配信できます。
テキストやバナー、動画などを設定すると、それらをもとに自動的に広告が展開されるため、運用のハードルが低い一方で、運用者の意図を反映しにくい手法だといえます。筆者の経験では目標CPA内でCVを獲得できた案件もいくつかあるので、テスト的に取り組んでみて、CPAがあうのであれば本格的に運用を開始するのもよいでしょう。（二平）

Google広告のキャンペーン選択画面〔図表69-2〕

新しいキャンペーンを作成
ページまたはキャンペーンを検索
表示形式
ヘルプ
通知
キャンペーン タイプを選択してください
P-MAX
ウェブサイトを閲覧している適切なユーザーにあらゆる場所でリーチして、見込み顧客を発掘します
検索
テキスト広告を使用して、Google 検索で見込み顧客を発掘します
ディスプレイ
クリエイティブを使用して、300 万のサイトとアプリで見込み顧客にリーチします
ショッピング
Google Merchant Center のデータを使用して商品を Google 検索で宣伝します
動画
動画広告を使って YouTube で見込み顧客を発掘します
デマンド ジェネレーション
イメージ広告と動画広告を使用して、YouTube、Discover、Gmail での需要とコンバージョンを促進します
キャンセル
続行
P-MAXやデマンドジェネレーションのキャンペーンを選択できる

まとめ

ディスプレイ広告もハードルの低いCVポイントから始めることをおすすめします。ここで挙げた広告媒体と種類の特徴を理解しながら、運用に着手してください。

70

認知を広げるよりも
獲得が先

ディスプレイ広告におけるターゲティングの基本方針

> ディスプレイ広告におけるターゲティングは「獲得」
> 「比較・検討」「認知」の3段階に分類でき、初動では
> 獲得から始めることを推奨しています。本節を通し
> て、ターゲティングの優先順位を理解してください。

ユーザーの行動情報に基づく手法のほうがCVRが高い

検索という能動的な行動を必要とせず、ユーザーが受動的に広告を視認するディスプレイ広告は、自社商材の「認知」を広げるために活用することもできます。しかし、初動の段階では「獲得」に近いターゲティングから取り組むことを意識してください。

ディスプレイ広告のターゲティング手法は、認知と獲得に「比較・検討」を加えた3段階に分類できます〔図表**70-1**〕。認知に近いターゲティングは、自社商材を幅広く「知ってもらう」ことを目的としており、獲得に近いターゲティングは、ホワイトペーパーやセミナーといった「コンバージョンの達成」を目指します。

なぜ獲得に近いターゲティングを優先すべきかというと、ディスプレイ広告の中でも難易度が低いからです。例えば、獲得系の手法であるリターゲティングは、過去に自社サイトを訪問した関心度が高い人を対象とするため、CVRが高くなる傾向があります。

比較・検討系の手法であるサーチターゲティングは、特定のキーワードで検索したことがある人を対象にディスプレイ広告を表示し

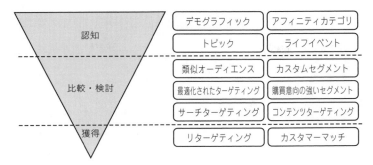

ます。特定の商材や課題解決の方法を探している人を狙うため、リターゲティングに次いでCVRが高い傾向にあります。

属性情報に基づく手法はユーザーの関心度が分からない

　一方、認知系のターゲティングは、企業情報や役職といったユーザーの属性情報をもとにディスプレイ広告を配信します。商材への関心度や課題感の有無は分からないため、行動情報をもとにしている獲得系や比較・検討系のターゲティングと比べると、CVRが低くなる傾向にあります。CPCやCPMは獲得系より安く収まることもありますが、目標CPAにあわせる難易度は高めです。

　図中のターゲティング手法について、詳しくは次節以降で解説しますが、ディスプレイ広告の初期段階では獲得に近い手法から取り組むのが基本方針となることを覚えておいてください。(二平)

4

S
N
S
・
デ
ィ
ス
プ
レ
イ
広
告

まとめ

ディスプレイ広告にはさまざまなターゲティングがあり、認知、比較・検討、獲得の3階層に分類できます。まずは獲得に近い手法から始めることを推奨します。

71
手堅さで攻める獲得&
比較・検討系ターゲ

CVユーザーや検索履歴をもとにディスプレイ広告を配信

> 獲得系と比較・検討系のターゲティングについて、
> Google広告とYahoo!広告で利用できる手法を解説
> していきます。特に獲得系の場合は、自社の顧客にな
> り得るユーザーに確実に届けることを心掛けましょう。

リタゲはリーセンシーとページで分類するのがコツ

前節で解説したディスプレイ広告のターゲティングにおける3つの
階層に従って、Google広告とYahoo!広告で利用できる具体的な手
法や機能について、本節と次節で見ていきます。

まずは獲得系のターゲティングです。次に挙げる2種類があり、
いずれもGDNとYDAの両方で利用できます。

- リターゲティング
- カスタマーマッチ

「リターゲティング」はおさらいとなりますが、過去に自社サイト
を訪れたユーザーに対して広告を配信する手法です。自社サイトを
閲覧しているため、CVRは高くなる傾向にあります。

運用のコツは、リーセンシー(※1)とページを指定してオーディエン
スを管理することです。これには次ページの図のように、サイト訪
問者数によって分ける方法があります〔図表71-1〕。

※1 リーセンシー
同じユーザーに広告を再度表示
するまでの間隔のこと。

※2 Google Ads optimized segment
Google広告上で自動的に生成されるオーディエンス(ユーザー
リスト)のこと。Google広告の管理画面によっては「AdWords
optimized list」と表示されることがある。

サイト訪問者が少ない場合	サイト訪問者が多い場合

・全ページ30日
・フォーム到達90日
・Google Ads optimized segment

・事例ページ30日、90日
・フォーム到達30日、90日
・全ページ7日、30日、90日
・その他のモチベーションが
　理解できるページ

　サイト訪問者数が少ない、目安として1カ月で数千〜1万人程度の場合、リーセンシーとページを細かく分けてもユーザーリストがたまらないため、図中の「全ページ30日」のような大まかな分類で構いません。「Google Ads optimized segment」〈※2〉はコンバージョンを獲得できる事例が多いので、利用をおすすめします。

　サイト訪問者数が多い場合は、図中のように細かく分類してもユーザーリストがたまるため、それぞれで入札調整をかけてCPAをコントロールしていきます。ただし、あまり細かくしても煩雑になるため、商材や状況に応じて分類を変更してください。

カスタマーマッチはアップセルやクロスセルが狙える

　「カスタマーマッチ」は、メールや電話番号などの顧客データを広告媒体にハッシュ化して送信することで、既存顧客に対してターゲティングできる手法です。すでに自社の製品・サービスを利用している人に対してディスプレイ広告を表示するため、アップセル〈※3〉やクロスセル〈※4〉を狙いやすい手法でもあります。

　BtoBの場合、既存顧客が指名検索をしたときに広告が表示されないように除外リストとして設定したり、類似オーディエンスを作成するときのソースとして利用したりすることが多いです。

4

SNS・ディスプレイ広告

※3　アップセル
顧客が購入した製品、もしくは購入を
検討している製品の上位版を提案し、
それに乗り換えてもらうこと。

※4　クロスセル
顧客が購入した製品、もしくは購入を検討し
ている製品と関連する製品を提案し、そちら
も購入してもらうこと。

類似オーディエンスで過去にCVした人と似た層にアプローチ

次に、比較・検討系のターゲティングについて解説します。特に記載がない場合は、Google広告とYahoo!広告の両方で利用可能です。

- 類似オーディエンス
- 最適化されたターゲティング
- サーチターゲティング
- カスタムセグメント
- 購買意欲の強いセグメントや購買意向
- コンテンツターゲティング

「類似オーディエンス」は、特定のリストをもとに近しいユーザーに配信できるターゲティングです。本書ではMeta広告と関連して紹介しましたが、ディスプレイ広告でも利用できます。

過去にコンバージョンしたユーザーのデータを使って類似オーディエンスを作成することで、CVしやすいユーザーへのターゲティングが可能になり、CVRが高くなる傾向にあります。最近の傾向として、YDAで成果が出る案件が多くなっている印象です。

Googleの機械学習を活用する最適化されたターゲティング

「最適化されたターゲティング」は、コンバージョンしたユーザーが最近検索した内容などのリアルタイムデータを起点に、CVする可能性が最も高いユーザーに向けてターゲティングします。

Google広告のみの機能で、GDNやデマンドジェネレーションキャンペーン、YouTube広告で利用できます。キャンペーンの選択後、広告グループの設定画面で［最適化されたターゲティングを使用する］にチェックを付けることでオンにできます〔図表**71-2**〕。

Googleの高度な機械学習によって実現されており、近年、この機能をオンにすることでコンバージョンが続出する事例が増えています。積極的に使っていきたいターゲティングです。

最適化されたターゲティング　　　　　　　　　　　　　　∧

最適化されたターゲティングを使用すると、指定の予算内でコンバージョンを
増やすことができます。指定したオーディエンスを超えるユーザーにアプロー
チする場合があります。

☑ 最適化されたターゲティングを使用する

⊘ 最適化されたターゲティングを使用したことで、広告のコンバー
　ジョンが平均 20% 増加しました

指定したオーディエンス、ランディングペー
ジ、アセットなどの情報を使用して、コン
バージョンに至る可能性が高いユーザーにア
プローチします。他のパフォーマンスがより
高かった場合は、ターゲティングデータの
トラフィックが減少することがあります。
詳細

> 広告グループの設定画面で
> [最適化されたターゲティングを
> 使用する]にチェックを付ける

検索履歴をもとに広告を出せるサーチターゲティング

「サーチターゲティング」では、特定のキーワードを検索した人に
対してターゲティングが可能です。検索履歴に基づく手法であるた
めBtoBとの相性がよく、CVRが高い傾向にあります。

以前はYahoo!広告でしか利用できませんでしたが、Google広告で
もGoogleが保有している面であれば配信できるようになりました。
ただし、GDNでは利用できない仕様になっており、デマンドジェネ
レーションキャンペーンやYouTube広告でのみ実装可能であること
に注意してください。

興味関心やWebサイトを軸にするカスタムセグメント

「カスタムセグメント」は、Google広告のみで利用できるターゲ
ティングです。運用者が指定した特定の要素に基づいて該当する
ユーザーにアプローチしますが、その要素は「興味や関心または行
動」と「類似のWebサイトまたはアプリ」に大別できます。

「興味や関心または行動」では、特定のキーワードやフレーズに関
心があるオーディエンスを独自に作成できます。例えば「CRM」と
いったキーワードを指定すると、CRMツールなどに興味がありそう
な人に向けたターゲティングになります。

「類似のWebサイトまたはアプリ」では、特定のWebサイトのURL
やアプリを指定することで、そのサイトを閲覧した人やアプリをダ
ウンロードしたユーザーに近い人に対して、広告を配信します。

BtoBでは、競合他社のサイトを指定して配信するケースが多いでしょう。競合のサイトを見ているユーザーに近い人に対してターゲティングできるということは、自社商材を検討しているユーザーに近い人に対して広告を出せる可能性があるからです。

特定の分野を狙える購買意欲の強いセグメントや購買意向

「購買意欲の強いセグメントや購買意向」では、特定分野の製品・サービスの購入を検討している人に対してターゲティングできます。Google広告の［購買意欲の強いセグメント］は以下の画面のようになっており、例えば［企業ソフトウェア］配下には［CRMソリューション］［ERPソリューション］が並ぶなど、BtoB向けのセグメントが用意されています〔図表71-3〕。

Yahoo!広告では［購買意向］という名称になり、次ページのような画面になります〔図表71-4〕。例えば［ビジネスサービス］配下には［クラウドサービス］［広告、マーケティングサービス］などが並んでいます。BtoB商材を比較・検討しているであろうユーザーにターゲティングできるため、優先度の高い手法になります。

Google広告の購買意欲の強いセグメント〔図表71-3〕

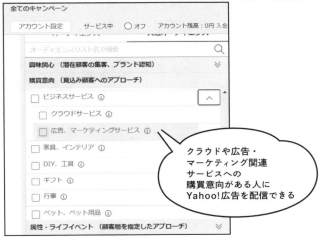

クラウドや広告・
マーケティング関連
サービスへの
購買意向がある人に
Yahoo!広告を配信できる

関連性の高いWebサイトに配信するコンテンツターゲティング

「コンテンツターゲティング」は、特定のキーワードを指定して、そのキーワードと関連性のあるコンテンツが掲載されているWebサイトなどに広告を配信する手法です。

特にYDAでは、Yahoo! Japan内の記事に広告を出せるという点で見逃せません。例えば「補助金」をキーワードとして指定すると、補助金に関連するYahoo!ニュースなどの記事内に広告を配信できます。その記事を読んでいるユーザーは補助金に興味があるはずなので、広告との親和性が高いことが期待できます。

広告クリエイティブにもよりますが、記事やWebサイトと関連性のある広告になりやすいため、うまくハマるとBtoBでもCPAを安くできる配信手法です。(二平)

4 SNS・ディスプレイ広告

> **まとめ**
> ディスプレイ広告のターゲティングのうち、獲得系と比較・検討系の手法を紹介しました。各手法の特徴を理解して、自社の状況にあわせて取り入れましょう。

72

意外なヒットも狙える認知系ターゲ

ユーザー属性・ライフスタイルからBtoB特化の機能まで

> Google広告やYahoo!広告で利用できる認知系の
> ターゲティングを6種類解説します。BtoBに特化し
> たものはもちろん、ユーザーの興味関心のように、一
> 見BtoBと関係ないものでも設定する価値があります。

属性情報を起点にする詳しいユーザー属性とライフイベント

　ディスプレイ広告のターゲティングにおける3つの階層に従い、本
節では認知系のターゲティングについて、個別の手法や機能を解説
します。次の6種類に分けて順に見ていきます。

- 詳しいユーザー属性
- ライフイベント
- アフィニティセグメントや興味関心
- プレースメント
- トピックやサイトカテゴリー
- LINEヤフー独自のBtoBターゲティング

　「詳しいユーザー属性」はGoogle広告の機能で、Googleが保有す
る属性データをもとにターゲティングできます。学歴や子どもの有
無、住居のほか、BtoB向けのセグメントも用意されており、例えば
［就業情報］には［業種］［社員数］などがあります〔図表**72-1**〕。

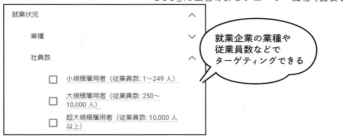

これらのBtoB向けセグメントは、デマンドジェネレーションキャンペーンやYouTube広告など、Googleが保有している面でのみ選択できるターゲティングとなっています。

「ライフイベント」は、結婚やマイホーム購入などのライフイベントごとのターゲティングで、起業や転職、退職などのタイミングもキャッチできます。GoogleとLINEヤフーの両方で利用可能です。

アフィニティセグメントや興味関心は当たれば大きい

「アフィニティセグメントや興味関心」は、ユーザーの興味関心の分野に基づくターゲティングとなります。Google広告では［アフィニティセグメント］、Yahoo!広告では［興味関心］という名称になっており、いくつかのカテゴリから選んで設定します。

例えば、Google広告のアフィニティセグメントには［スポーツ、フィットネス］［テクノロジー］といったものが大カテゴリとして存在しますが、BtoBと直接的に関連するものはありません〔図表**72-2**〕。しかし［スポーツ、フィットネス］配下の［ゴルフファン］は、経営者向けのターゲティングとして有効かもしれません。

また、アフィニティセグメントや興味関心は、購買意向に基づくターゲティングに比べてCPCが安い傾向にあります。ターゲットユーザーにうまくハマってCVRが担保できた場合、CPAも抑えることが可能です。さらに、競合他社が広告を出稿していないケースも多いので、施策の差別化という意味でも狙い目といえます。

4

S
N
S
・
デ
ィ
ス
プ
レ
イ
広
告

特定のサイト内に広告を配信するプレースメント

「プレースメント」は、指定したURLのWebサイト内に広告を表示するターゲティング手法です。ターゲットユーザーがよく見ているニュースサイトなどを把握しており、そのサイト内にGoogle広告やYahoo!広告の広告枠が存在する場合に実施できます。

例えば、ターゲットがマーケターや広告運用者であれば、Webマーケティングの専門メディアである「ferret」(※1)などがプレースメントとして適切でしょう。サイト全体ではなく特定の記事にまで絞って広告を出すこともできますが、配信ボリュームは減ってしまうため、施策の狙いにあわせて対応してください。

特定のトピックやカテゴリに該当するWebサイトに広告配信

「トピックやサイトカテゴリー」は、特定のトピックやカテゴリを選択し、それらに当てはまるサイト上に広告を配信する手法です。前節で紹介したコンテンツターゲティングは、指定したキーワードに関連するサイトに広告を配信する手法でしたが、トピックやサイトカテゴリーは、コンテンツターゲティングよりも粒度が大きいイメージになります。GoogleとLINEヤフーの両方で利用できる機能です。

例えば、Yahoo!広告では［ニュース、情報系］［専門サイト（サービス）］といった粒度での指定ができます〔図表**72-3**〕。BtoB系のメディアが存在するカテゴリも存在し、コンバージョンにつながるケースも多いため、設定することをおすすめします。

※1 ferret
https://ferret-plus.com/

特定のトピックや
カテゴリに該当する
サイト上に広告を
配信できる

Yahoo!広告のみで使える独自のBtoBターゲティング

「LINEヤフー独自のBtoBターゲティング」はYahoo!広告のみの機能で、日本最大の企業データベースであるLBCデータのほか、LINEヤフーが保有するデータ、Eightユーザーの名刺データを組み合わせた、BtoBに特化したターゲティングが行えます。各データは下表に示したセグメント区分に対応しています〔図表**72-4**〕。

ただし、この機能はYahoo!広告のディスプレイ広告で一定規模の費用を常時使っているアカウントのみで利用できるため、詳細はYahoo!広告の担当者に確認してください。(二平)

LINEヤフー独自のBtoBターゲティング〔図表 **72-4**〕

セグメント区分	LBCデータ	Yahoo!ビジネスデータ	Eightユーザーの名刺データ
売上高規模	○	○	×
資本規模	○	○	×
従業員規模	○	○	×
上場区分	○	×	×
法人格	×	○	×
業種	○	○	×
役職	×	×	○
部門	×	×	○

まとめ

認知系のターゲティングを紹介しました。BtoBに特化したものから、BtoB向けではないもののハマれば効果的なものまであるので、ぜひチャレンジしてみてください。

4

SNS・ディスプレイ広告

73
ディスプレイ広告の
ターゲは発想が肝

直接的に狙うか？　間接的に狙うか？　で未来の顧客に迫る

> ディスプレイ広告のターゲットユーザーをどのように
> 決めていますか？　自社商材に関連するターゲティン
> グを行うだけではなく、ターゲットの人物像から間接
> 的にターゲティングするという手法も有効です。

直接的なターゲティングは競合と差別化しにくい

　ここまでに見てきた通り、ディスプレイ広告にはさまざまなター
ゲティングの手法があります。これらをどう生かすかは「ターゲット
ユーザーを直接的に狙うのか？」「間接的に狙うのか？」というアプ
ローチで考えていくと、発想の幅が広がっていきます。

　例えば「採用支援サービスを40代後半の経営者に検討してもらう」
という目的で、ディスプレイ広告を配信するとしましょう（図表73-1）。
直接的に狙う方法としては、コンテンツターゲティングで採用関連
のキーワードを指定する、サーチターゲティングで競合サービスの
キーワードを指定する、プレースメントで採用関連のWebメディア
を指定するといったターゲティングが考えられます。

　こうした直接的なターゲティングは、すでに自社の製品・サービ
スに近い商材を探している人に対して広告を配信できるため、CVR
が高くなる傾向があります。しかし、競合他社も似たようなターゲ
ティングをしている可能性が高いため、CPCが高くなりやすいうえ、
広告を真似されやすいといったデメリットがあります。

直接的なターゲティング	間接的なターゲティング

・採用サービス関連
・採用の悩み
・人事労務の悩み

**40代後半の
経営者**

・ゴルフ関連
・高級車や時計関連
・節税対策関連

間接的なターゲティングは顧客を知らないと思いつかない

そこで間接的に狙う方法について考えてみましょう。「40代後半の経営者」というと、どのような人物をイメージするでしょうか？ ゴルフが趣味だったり、高級時計や高級車に興味があったりする人が多いかもしれません。さらに、高額納税者なので節税に関心が高い人が多いかもしれない、といった想像ができます。

これらのイメージをもとに、サーチターゲティングで高級時計のキーワードを指定する、プレースメントでゴルフ関連のWebサイトを指定するといったターゲティングを試してみましょう。直接的なターゲティングに比べて競合が少ないことに加え、BtoC系のコンテンツは配信先が豊富なため、CPCが安くなるメリットがあります。

自社商材とは関係のない興味関心について調べている状態で広告を目にするので、CVRは低くなりやすいですが、うまくハマればCPAを抑えることは可能です。直接的なターゲティングは簡単に思いつくものの、間接的なターゲティングは顧客の理解が必須なため、ここでも顧客解像度の高さが効いてきます。(二平)

> **まとめ**
> ディスプレイ広告のターゲティングでは、自社商材に興味を持っていそうな人を直接的に狙うのか、顧客の人物像から間接的に狙うのかの両面で発想しましょう。

4 SNS・ディスプレイ広告

74
プレースメントから
ノイズを除外せよ

誤クリックが発生しやすい配信面は最初から除外もアリ

> ディスプレイ広告の配信面（プレースメント）は、定期的に確認してください。コンバージョンの獲得ができていなかったり、誤クリックが発生したりしそうなWebサイトやアプリは除外していきましょう。

定期的なプレースメントのモニタリングは必須

　ディスプレイ広告の配信を開始したら、GDNとYDAの両方で、定期的にどのようなプレースメント（配信面）に広告が表示され、成果が上がっているのかをモニタリングしましょう。1〜2カ月に1回程度の頻度で、コンバージョンを獲得できている具体的なWebサイトやアプリを確認していきます。

　この作業のメリットは、実際にCVが発生しているプレースメントが分かることで、効果のあるプレースメントに絞って広告を配信することを検討できる点です。また、そうしたWebサイトなどの傾向を分析することで、顧客解像度の向上にも役立つでしょう。

　一方、コンバージョンを獲得できていないプレースメントは、除外することも検討してください。実際にWebサイトなどを確認し、誤クリックにつながりやすい広告枠の配置になっている場合は、除外したほうがよいでしょう。特にファイル転送系のサイトは、ダウンロードボタンに見せかけて広告をクリックさせるような配置をしている場合があるため、最初から除外しておくことを推奨します。

アプリのプレースメントは一括除外も検討する

　アプリ面への配信も慎重に行いましょう。ファイル転送系のサイトと同様に、誤タップされやすい配置になっているプレースメントが多いため、アプリ面全体を一括で除外するのも悪くありません。ただし、例えば「スマートニュース」のように良質なアプリ面もGDNには存在するため、注意しながら除外を行ってください。

　Google広告でアプリ面を一括除外するには、まず［コンテンツ］の［除外設定］から［プレースメントを除外］画面を表示します。その後、入力欄に「mobileappcategory::69500」と入力して追加を実行しましょう〔図表**74-1**〕。除外設定に［All Apps］が追加され、アプリ面が一括で除外されます。(二平)

プレースメントの除外画面〔図表**74-1**〕

× プレースメントを除外

プレースメントを除外すると、ディスプレイネットワークと **YouTube** 上に広告が掲載されなくなります

◉ プレースメントの除外リストを追加する　◯ プレースメントの除外リストを使用

次から除外:
キャンペーン ▼

閲覧　入力　　　　　　　　　　　　　　　　選択されていません

複数のプレースメントを入力

mobileappcategory::69500

アプリ面の
プレースメントを
一括で除外できる

1 個のプレースメントを追加

4

S N S ・ ディスプレイ広告

> **まとめ**
> プレースメントは定期的に確認し、コンバージョンを獲得できていないものは除外しましょう。BtoBでは初動から除外したほうがよいプレースメントもあります。

75

YDAの配信面は
Yahoo!ドメインが強い

ブランドパネルとBtoBターゲの組み合わせは特に強力

YDAはYahoo!ドメインの配信面のCVRがよく、その中でも特にYahoo! JAPANのトップページ上部にある広告枠（ブランドパネル）の成果がよいです。4つのターゲティングと組み合わせて広告を配信してください。

YDAのプレースメントはYahoo!ドメインとその他で分ける

YDAでは、Yahoo!ドメインのプレースメント（※1）と、その他の提携サイトのプレースメントを比較した場合、CVRに差が出るケースが多くあります。筆者の経験上、ほとんどの案件でYahoo!ドメインのプレースメントのほうがCPAは安く収まります。

そのため、Yahoo!ドメインとその他でプレースメントのリストを分けて、リストごとに入札や管理ができるようにするとよいでしょう。そうすることで、例えばCRM関連のキーワードでサーチターゲティングのリストを作成しておき、「サーチターゲティング×Yahoo!面のプレースメント」と「サーチターゲティング×その他のプレースメント」で広告グループを分けて、入札調整を行ったりパフォーマンスを確認したりすることが可能になります。

このとき、あまり細分化しすぎると自動入札を有効に働かせるためのCV数が蓄積されにくくなるため、粒度には気を付けてください。一方で、YDAは細かく運用すればするほど効果が出る傾向もあるため、運用者としての力量が試される媒体だといえます。

※1 Yahoo!ドメインのプレースメント
具体的にはYahoo! JAPANのほか、Yahoo!ショッピング（shopping.yahoo.co.jp）やYahoo!ファイナンス（finance.yahoo.co.jp）などが該当する。

ブランドパネルとターゲティングの組み合わせも積極的に

　Yahoo!ドメインの中でも、Yahoo! JAPANのトップページ上部にある「ブランドパネル」と呼ばれる広告枠は、特に成果がよい傾向にあります。サーチターゲティングなどと組み合わせて配信することで、さまざまなパターンでブランドパネルへの配信が可能です。筆者が推奨している組み合わせを4つ紹介しましょう。

①ブランドパネル×サーチターゲティング
②ブランドパネル×類似ターゲティング
③ブランドパネル×BtoBターゲティング
④ブランドパネル×デバイス (PC) ×地域

　①は、特定のキーワードを検索した人に広告を配信するサーチターゲティングと、ブランドパネルを組み合わせたパターンです。ユーザーの検索履歴に基づくため、BtoBとの相性が高いです。

　②は非常におすすめの組み合わせです。近年、YDAにおけるCVデータをもとにした類似ターゲティングの精度が上がってきたという実感があり、目標CPA内で獲得できる事例が増えました。

　③は、LINEヤフー独自のBtoBターゲティング (P.249) と組み合わせたパターンで、説明するまでもなく強力です。自社のアカウントで利用できる状態であれば、ぜひ検討してください。

　④はデバイスをPCに絞りつつ、丸の内や有楽町といったビジネス街の地域を選択してブランドパネルに広告を出します。ビジネス街かつPCに限定しているため、ビジネス目的で利用している人に当てられるだろうという仮説のもと、これから情報収集するBtoBのユーザーに配信できるため、効果の高い組み合わせになるはずです。(二平)

> **まとめ**
> YDAはYahoo!ドメインという良質なプレースメントを保有しているため、BtoBでもプレースメント×ターゲティングを行うことで成果向上が期待できます。

SNS・ディスプレイ広告

4

76

商材やフェーズで
デバイスを調整せよ

基本はPCだが、スマホにも広げたほうが有効なケースも

> ディスプレイ広告では、広告を配信するデバイスや時間帯を調整することにも気を配りましょう。比較・検討系と認知系、獲得系のターゲティングで考え方が異なるため、ここで概要を理解してください。

比較・検討や認知のターゲティングではPCに絞る

ディスプレイ広告は検索広告よりも圧倒的に広告の表示機会が多いため、ターゲティングを綿密に設計しないと、ムダな広告費を使ってしまうことになりかねません。これまでに紹介した手法に加え、デバイスでの絞り込みについても考えておきましょう〔図表76-1〕。

まず、比較・検討系や認知系のような潜在層向けのターゲティングは、デバイスをPCに限定することを推奨します。新規向けのターゲティングはCVRが低くなり、CPAをあわせる難易度が上がります。PCに限定したうえで、さらに時間帯を営業時間内に限定するなどの工夫を凝らして、CVRを高く維持することを目指しましょう。

一方、リターゲティングに代表される獲得系のターゲティングは、機会損失をできる限りなくすためにPCとスマホの両方、かつ営業時間外にも広げた配信をおすすめします。リターゲティングは過去に自社サイトを訪問した人に対象が限定されるため、CVRが高くなりやすい反面、オーディエンス数は多くなく、条件を絞り込みすぎると広告がほとんど表示されない可能性があるためです。

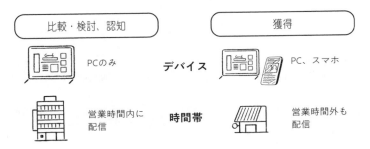

小規模事業者向けではスマホのほうが成果が出やすい

比較・検討および認知を狙ったディスプレイ広告でデバイスをPCに絞ることは、あくまでCPAを抑えて獲得を狙いたいフェーズでの運用になります。事業のフェーズが進み、ある程度のコストをかけてでも獲得件数を上積みしたい場合は、PCだけでなくスマホへの配信も進めていきましょう。

ほかにも、商材によってはPCよりもスマホのほうが成果が出やすいケースがあります。すでに述べたように、飲食店や小売店、美容サロンといった小規模事業者向けのサービスを展開しているBtoB企業では、スマホのほうがCPAが安いケースもあるようです。自社の製品・サービスの特性や事業のフェーズにあわせて、広告を配信するデバイスを柔軟に変えていきましょう。(二平)

> **まとめ**
> 新規向けの配信で手堅くいきたい場合は、PCのみの配信をおすすめします。ただし、商材やフェーズによってはスマホ向けの配信が有効なケースもあります。

77
Microsoft広告は
BtoBこそ期待大

オーディエンス広告のターゲティングと注意点を押さえる

> Microsoft広告は、企業内でもよく使われているマイクロソフト製サービスに広告を配信できるので、BtoB商材と相性のよい媒体でもあります。まだ運用していない企業では、運用を検討してください。

リタゲやカスタマーマッチは他媒体と同様に使える

Microsoft広告は新しい媒体のため、運用に着手するのはこれからという方も多いと思います。しかし、検索エンジンのBingのほか、MSNやOutlook.comといったマイクロソフト製サービスを配信面にできることから、BtoBでこそ活用したい媒体ともいえます。

Microsoftオーディエンス広告のポイントや注意点を見ていきましょう。ターゲティングには次の3つのポイントがあります。

①基本となる手法はGDNやYDAと同じ
②LinkedInベースの手法が追加予定
③予測ターゲティングが利用可能

LinkedInの
ターゲティングが
利用できるように
なったら便利だね

まず①ですが、Microsoftオーディエンス広告では下表に挙げたターゲティングが利用できます〔図表**77-1**〕。獲得系では「リマーケティング」〈※1〉や「カスタマーマッチリスト」、比較・検討系では「類似オーディエンス」「購買意向の強いユーザー」が用意されており、GDNやYDAと共通していることが分かります。

なお、リマーケティングを実施するには、Microsoft広告の「UETタグ」を自社のWebサイトに設置し、訪問したユーザーをオーディエンスとしてリスト化できるようにしておく必要があります。

LinkedInの企業・業界・職種データをターゲティングに活用

GDNやYDAにはない、Microsoftオーディエンス広告に特有のターゲティング手法もあり、それがポイント②③として挙げたものです。②はLinkedInに登録されているプロフィール情報に基づいて「企業」「業界」「職種」といった軸でのターゲティングが可能です。

アメリカなどではすでに利用されているターゲティングですが、本書執筆時点では、日本ではまだローンチされていません。2024年以降に使える可能性があるため、BtoBでの活用が期待されます。

Microsoftオーディエンス広告のターゲティング〔図表 **77-1**〕

オーディエンスリスト	概要
購買意向の強いユーザー	Bingでの検索行動やMicrosoftサービスのページ閲覧行動などをもとに作成された、特定のカテゴリ内で購入意図を示しているユーザーのリスト
リマーケティングリスト	過去にWebサイトにアクセスしたことのあるユーザーのリスト
動的リマーケティングリスト	Microsoftマーチャントセンターのカタログフィードに登録されている商品を、サイト内で閲覧・検討・購入したユーザーのリスト
類似オーディエンス	既存のリマーケティングリストのユーザーと、行動や属性が類似している新規顧客のユーザーリスト ※一部の広告アカウントのみで利用可能
カスタマーマッチリスト	広告主が所有している顧客のメールアドレスに基づいたユーザーのリスト ※一部の広告アカウントのみで利用可能
組み合わせリスト	複数のオーディエンスリストを「AND」「OR」「NOT」条件を組み合わせて配信に利用できる
カスタムオーディエンス	広告主が所有している顧客データを連携し、オーディエンスリストとして利用できるリスト ※日本での利用は不可

※2023年8月時点

※1　リマーケティング
リターゲティングと同義。媒体やサービスによって呼称が異なることがある。

潜在層への拡大に使いたい予測ターゲティング

③の「予測ターゲティングが利用可能」は、LPや広告コンテンツ、オーディエンスシグナルの情報をもとに、コンバージョンに至る可能性が高いユーザーに向けて配信が自動拡張される機能のことを指します。GDNやデマンドジェネレーションキャンペーンの「最適化されたターゲティング」のような機能です。

ほかのターゲティングと組み合わせて利用することもでき、通常の設定ではリーチできない潜在層に向けて、キャンペーンの予算や入札単価の上限を守りつつ、簡単にリーチを広げられます。

予測ターゲティングは、新規で作成したMicrosoftオーディエンス広告のキャンペーンや広告グループに対して、デフォルトで適用されます。そのため、特定の属性から逸脱せずに広告配信を行いたい場合は、予測ターゲティングの設定をオフにすることを忘れないようにしてください〔図表**77-2**〕。

なお、Microsoftオーディエンス広告では、基本的にターゲティング設定なしでの配信はできませんが、ほかのターゲティングを設定せずに予測ターゲティングのみをオンにすることで、予測ターゲティング単体での配信が可能です。対象が広い生活必需品などの商材では、開始時には予測ターゲティングのみで幅広く配信し、徐々にオーディエンスを最適化させていく方法も検討できます。

予測ターゲティングの設定項目〔図表**77-2**〕

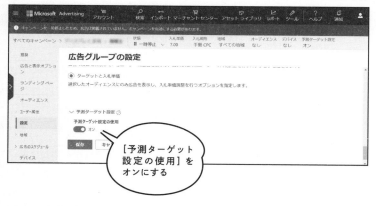

［予測ターゲット設定の使用］をオンにする

クリエイティブの自動トリミングなどの仕様に注意する

現時点で筆者が把握している、Microsoftオーディエンス広告の注意点についても触れておきましょう。大きく2つあり、1つはクリエイティブは自動トリミングについてです。

Microsoftオーディエンス広告では、アップロードした画像が配信面にあわせてレスポンシブに表示されるため、入稿した画像が自動でトリミングされます。テキストやロゴが入った画像は見切れてしまう可能性があるため、使わないほうがよいでしょう。

配信に必須の推奨ピクセルは「1,200px×628px以上を満たす画像」ですが、ほかにも1,200px×674px、1,200px×800px、1,200px×902px、1,200px×1,200pxを満たす画像も、可能な限り用意することをおすすめします。意図しないトリミングを防ぐだけでなく、各縦横比の配信面への表示ができるようになります。

もう1つは、検索広告からもオーディエンス広告として配信される点です。ショッピング広告などを含む検索広告は、オーディエンスネットワークへも広告配信が行われます。基本的には関連性が高い場合や成果が見込める場合に配信されますが、オーディエンスネットワークへの配信可否は選択できない仕様となっています。

なお、パフォーマンスの実績が伴わないなどの理由で除外したい場合は、特定のキャンペーンを選択して［キャンペーンの設定］から［除外設定］の順に選択すると、Webサイトを個別に除外する設定が可能です。その場合は以下のURLを除外することを推奨します。(二平)

- msn.com
- outlook.live.com
- outlook.com
- bing.com

> まとめ
>
> BingはBtoBの利用が多いため、Microsoftオーディエンス広告で広告を配信し、確度の高いユーザーに向けてしっかりアプローチしていきましょう。

78

デマンドジェネレーションは
最適化設定が優秀

YouTube、Discover、Gmailの配信面をBtoBで活用する

デマンドジェネレーションキャンペーン（旧ファインド広告）は、Googleが保有している配信面にディスプレイ広告を配信できます。このキャンペーンでは「最適化されたターゲティング」の活用がおすすめです。

「最適化されたターゲティング」が優秀な挙動をする

Google広告のデマンドジェネレーションキャンペーン（旧：ファインド広告）は、YouTubeやGoogle Discover、Gmailを配信面としたディスプレイ広告です。このキャンペーンでは「最適化されたターゲティング」を積極的に活用しましょう。

具体的には、まずはリターゲティングのリストを配信先に設定した広告グループを作成したうえで、配信を開始します。そして、その広告グループで50件以上のCVを獲得するか、2週間以上が経過してから、最適化されたターゲティングをオンにして配信しましょう。

筆者の経験では、リターゲティングリストのみで配信している場合と比較して、CPAは多少上がったものの、CV数が1.5倍になったケースもあります。商材にもよりますが、非常に優秀な挙動をするため、導入しないのはもったいないと感じています。

ただし、最適化されたターゲティングは、デマンドジェネレーションキャンペーンやGDNのキャンペーンを新規で作成したときにデフォルトでオンになるため、CV数が少ないアカウントでは手動で

オフにすることを推奨します。なぜなら、CVデータが十分に蓄積されていない状態では、意図していない範囲にまで拡張されたターゲティングになり、必要以上にコストを消費してしまい、CPAがあわなくなる可能性があるためです。

詳しいユーザー属性やサーチターゲティングの利用も推奨

デマンドジェネレーションキャンペーンでは、認知系のターゲティングとして挙げた「詳しいユーザー属性」(P.246) が利用できます。[業種]や[社員数]などのBtoB向けセグメントが用意されているため、ぜひ活用してみましょう。

また、比較・検討系のターゲティングとして挙げたサーチターゲティングも利用可能で、Google検索で「CRM」と検索したことがある人に対して、YouTubeやDiscoverでアプローチできるようになります〔図表78-1〕。こちらも成果が出やすいターゲティングになるため、試してみることをおすすめします。（二平）

サーチターゲティングの設定項目〔図表**78-1**〕

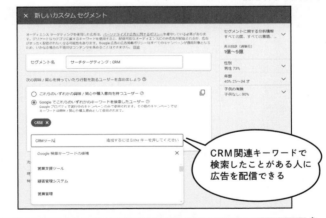

CRM関連キーワードで検索したことがある人に広告を配信できる

> **まとめ**
> デマンドジェネレーションキャンペーンは、最適化されたターゲティングでの拡張を生かしつつ、BtoBターゲティングの手法を組み合わせることで成功に近づきます。

79
P-MAXはBtoBでも使い道がある

機会損失の防止を基本としつつ、改善のヒントを探る

> Google広告のキャンペーンの1つであるP-MAXは、運用の手間がかからない一方で、Googleが保有するすべての配信面への出稿が可能です。BtoBで利用するときの注意点や、より成果を上げる考え方を紹介します。

検索広告にも配信される点には注意が必要

　Google広告のP-MAX（パフォーマンス最大化）キャンペーンは、Googleが保有するすべての広告枠に対して自動配信できる手法です。広告グループという概念がなく、代わりにアセットグループが存在し、画像やテキストなどのクリエイティブを登録します。そして、ターゲティングの元データになるオーディエンスシグナルに情報を入れることで、配信がスタートします。

　入札も完全に自動入札となるため、運用の手間がかかりません。そのため、Google広告で取り組めていない配信面を網羅し、機会損失をなくす意味合いで活用する企業が多くなっています。近年ではBtoBであってもCPAがあう案件が出てきました。

　注意点としては、P-MAXは検索広告にも配信されるため、一部の指名キーワードに表示されてしまうケースがあります。指名キーワードの機会損失をなくす意図での配信なら問題ありませんが、そうでない場合は除外することをおすすめします。「ブランドリスト」機能を使い、作成したリストをP-MAXと紐付けてください。

〔実施手順〕

① ［ツール］メニューの［共有ライブラリ］から［ブランドのリスト］を選択する〔図表79-1〕。

② ［ブランドリストを作成］をクリックする。

③ ブランドを入力する。意図したものが見つからない場合は［ブランドをリクエストする］をクリックする〔図表79-2〕。

④ ブランド名やカテゴリ、URLなどを入力し、リクエストを送信する〔図表79-3〕。

Google広告の［ツール］メニュー〔図表**79-1**〕

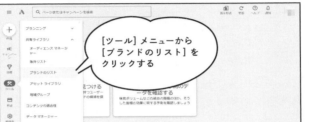

ブランドリストの作成画面〔図表**79-2**〕

4

SNS・ディスプレイ広告

プレースメントごとの表示回数を確認することもできる

　P-MAXキャンペーンは運用のほぼすべてが自動化されているため、成果が出た過程が見えにくいとされています。しかし、検索面やGoogleが保有するディスプレイ枠（デマンドジェネレーション・YouTube）、ディスプレイ面のそれぞれに、どの程度の割合で広告が表示されているかを確認する方法があります。

　まずはレポートエディタでP-MAXキャンペーンのプレースメントを表示してください〔図表**79-4**〕。その中の［Googleにより所有および運営］がデマンドジェネレーションやYouTubeを表しています。よって、全体の表示回数から［Googleにより所有および運営］の表示回数を引くことで、GDNにどれくらい表示されているのかが分かります。

P-MAXのプレースメントレポート画面〔図表 **79-4**〕

さらに［キャンペーン］画面でP-MAXキャンペーンのみを表示すると、P-MAX全体の表示回数が分かります〔図表79-5〕。そして、P-MAX全体の表示回数からP-MAXキャンペーンのプレースメントレポートの表示回数を引くと、検索面の表示回数を求められます。

　このように段階を追ってレポートを見ていくと、大まかな数値ではありますが、どのようなプレースメントにどれくらいの割合で表示されているかを把握できます。これにより、検索面が多い場合はテキストの改善を行う、検索面が少ない場合は画像を中心に改善を進めるなど、改善の方向性が見えてくるでしょう。(二平)

P-MAXのみにしたキャンペーン画面〔図表**79-5**〕

検索面に表示された回数の
概算を求められる

まとめ

BtoB向けの広告運用でも、P-MAXキャンペーンを機会損失防止のために活用できます。運用過程の数値も概算値ながら確認できるため、改善に役立てていきましょう。

80

YouTubeはユーザー数と情報量の多さが魅力

BtoBでのポテンシャルは高いが、運用のハードルも高い

> YouTubeでは、ビジネス向けの動画も多く投稿されています。利用者数も多く、動画で情報を伝えられるためBtoBでも活用したい媒体ではありますが、クリエイティブ制作に手間がかかるという難点もあります。

ターゲティングやクリエイティブの特性がBtoBにも向く

　ガイアックスの資料[※1]によると、YouTubeの月間アクティブユーザー数は7,000万人と、主要SNSではLINEに次いで2番目に多い規模となっています。ほぼ全年齢にアプローチできるという特徴があるほか、次の2点によりBtoBでも十分な成果が期待できます。

①BtoB向けのターゲティングが豊富
②動画広告という性質上、クリエイティブの情報量が多い

　①は、YouTube広告はGoogleが保有するサービスであるため、デマンドジェネレーションキャンペーンと同様のターゲティングを利用できます。サーチターゲティングはもちろん、「詳しいユーザー属性」や「最適化されたターゲティング」といった成果の出やすいターゲティングを活用できるという強みがあります。
　さらに、②のようにクリエイティブの情報量が多い点は、複雑な商材が多いBtoBにおいて大きなメリットとして働きます。

※1　ガイアックスの資料
2024年2月更新！性別・年齢別SNSユーザー数（X（Twitter）、Instagram、TikTokなど13媒体）
https://gaiax-socialmedialab.jp/socialmedia/435

1〜3分程度の動画クリエイティブ制作は大きな負担に

　このように、YouTube広告はターゲティングやクリエイティブの特性としてはBtoBに適しているのですが、実際に成果を上げられているBtoB企業は、現時点では少ないのではないかと感じています。その理由には、クリエイティブ制作と運用の難易度がいずれも高いことが挙げられるでしょう。

　YouTube広告では、Meta広告やTikTok広告に表示するようなショート動画ではなく、1〜3分程度の動画がクリエイティブとして必要になるため、制作コストが大きな負担になります。その動画でコンバージョンを獲得できなければ、クリエイティブを作り直す必要があるため、さらにコストがかかります。加えて、制作・修正には時間もかかるため、PDCAが回しにくい媒体でもあります。

　また、運用難易度も高くなっています。インストリーム広告(※2)やバンパー広告(※3)など配信手法が多く、さらに配信在庫も多いため、不用意に日予算を上げていると午前中だけで予算を使い切ってしまう可能性もあります。綿密に運用しないと成果が出せない媒体です。

　しかし、YouTube広告を攻略することができれば、成果のインパクトも非常に大きなものとなるでしょう。検索広告やMeta広告でのリード獲得はやりきっており、よりリード数を増やしたいという状況であれば、チャレンジする価値は十二分にあります。次節にて、YouTube広告で成果を上げるポイントを紹介しましょう。(二平)

> **まとめ**
> YouTube広告はBtoBでもポテンシャルの高い媒体です。クリエイティブ制作や運用難易度は高いですが、軌道に乗せられれば大きなインパクトを生むことが可能です。

※2　インストリーム広告
動画の最初や最後、途中で再生される
スキップ可能な動画広告のこと。

※3　バンパー広告
6秒以下で再生される動画広告のこと。

81

動画広告は3分以内で最初の5秒が勝負

スキップされないYouTube広告は台本作りから始まる

YouTube広告の最初の5秒はスキップできないことも多く、ネガティブな印象を持たれることもあります。スキップできないからこそ、最初の5秒でユーザーの興味をかきたてるコンテンツを作る必要があります。

「目的を邪魔する広告」となることは避けられない

YouTubeを見ているときに広告が表示されたら、みなさんはどう思いますか？ ほとんどの人は「ウザっ！」となり、ネガティブな印象を持つのではないでしょうか。このネガティブな印象を言語化すると、「目的を邪魔する広告」と表現できると思います。

YouTubeのユーザーには「動画を見たい」という目的があるため、広告はどうしても邪魔な存在になってしまいます。それでも広告に興味を持ってもらうには、BtoBの場合はホワイトペーパーやセミナーといったハードルの低いCVポイントを設定することと、クリエイティブを工夫することが重要になります。

そして、クリエイティブの工夫においては、次の3つのポイントを意識することがブレイクスルーにつながると考えています。

①最初の5秒で引き付ける台本を作成する

②動画の尺を3分以内に収める

③リターゲティングと最適化されたターゲティングを活用する

とにかく最初の5秒で「自分ごと化」させる台本を作る

まず①ですが、YouTube広告は配信手法によって異なるものの、基本的に最初の5秒はスキップされず、強制的に視聴させることが可能です。よって、その5秒で興味を持ってもらい、そのまま見続けてもらうことが非常に重要になります。

そのためには、自社商材やCVポイントに興味を持ってもらえるような台本を作成することが大切です。YouTube広告では、この台本が最終的な成果を決めるといっても過言ではありません。強力な台本さえあれば、動画そのものが凝ったものでなくても成果が出た事例を何度も見てきました。フリー素材を流しながら台本を読み上げて字幕を付けた動画や、スライドのみで構成したプレゼンテーション型の動画でも、十分にコンバージョンを獲得できます。

どのような台本を作ればよいのか分からない場合、筆者は「こんな間違いをしていませんか？」という問いかけから始めることをおすすめしています。その問いかけを「つかみ」にして、よくあるミスや間違いを3つほど並べて興味をかきたて、問題の深堀りを進めていきます。仮に本書をYouTube広告で宣伝する場合、次のような台本が考えられるでしょう〔図表81-1〕。

YouTube広告の台本の例〔図表**81-1**〕

つかみ	BtoB向けの広告運用で、こんな間違いをしていませんか？
興味をかきたてる	では、なぜ成果が出ていない企業は、このように間違ったパターンに陥るのでしょうか？
問題の深堀り	それはBtoB向けの広告運用の成功事例を把握していないからです。
解決策の提示	では、どうすればBtoB向けの広告運用の成功事例を知ることができるのでしょうか？ もし、あなたが成功事例を知りたい場合は、こちらの書籍を試してみてください。
コールトゥアクション	今なら電子版限定で、30%OFFで購入できます。

なお、台本のストーリーをMeta広告でテストして、反応があったものをYouTube広告にするのもよいでしょう。Meta広告で反応がよい言い回しは、YouTubeでも反応がよくなる傾向にあります。

動画の情報量の多さが新たな成果の可能性を生む

②の「動画の尺を3分以内に収める」を補足すると、3分を超えた場合は明らかにCPMが高くなり、結果としてCPAが高くなってしまう傾向があります。案件によっては3分を超えていてもCPAがあうケースがあるため、一概にはいえませんが、できる限り3分以内に収めることをおすすめします。

③の「リターゲティングと最適化されたターゲティングを活用する」は、一見クリエイティブとは関係なさそうですが、動画ならではの情報量の多さが関係しています。

YouTube広告のクリエイティブでは、ほかの広告クリエイティブとは桁違いの情報量を伝えられるため、過去に自社サイトを訪問したもののコンバージョンに至らなかったユーザーに対して配信することで、あらためて自社商材のメリットを理解してもらい、CVを獲得できる可能性があります。そのため、自社サイトへの訪問者が多い企業であれば、リターゲティングのリストに対してYouTube広告を配信することも検討してください。

また、YouTube広告はデマンドジェネレーションキャンペーンと同じく「最適化されたターゲティング」を活用できます。前述のリターゲティング配信を行い、CVデータが十分に蓄積された段階で最適化されたターゲティングを有効にし、新規顧客の開拓へと広げていくのが1つの勝ちパターンとなるでしょう。(二平)

> **まとめ**
>
> YouTube広告はネガティブな印象を持たれることが多いので、最初の5秒で興味を持ってもらえる台本を作りましょう。動画の尺は3分以内に収めるのが基本です。

82

リード獲得広告は
TikTokでも使える

BtoB商材での成功事例もあるが、媒体との相性次第

若年層を中心に人気のTikTokは、ショート動画に特
化したSNSです。ユーザー数はまだ多くはなく、ビ
ジネス向けの投稿も少ないですが、TikTokと相性の
よい商材であれば、チャレンジするのもよいでしょう。

10～20代の若年層が中心で勢いのある媒体

ショート動画に特化したSNSであるTikTokの月間アクティブユー
ザー数は、ガイアックスの資料[※1]によると1,700万人となっていま
す。他媒体に比べてユーザー数は少なめですが、10～20代の若年
層を中心に支持されており、勢いのある媒体でもあります。資料は
2021年8月時点のため、ユーザー数はもっと増えているでしょう。

しかし、BtoB商材におけるターゲットのボリュームゾーンである
30代以上のユーザー数は、10～20代と比較すると大幅に下がりま
す。この傾向が近々に変化することはないでしょう。

また、TikTok広告のアルゴリズムは視聴傾向学習となっています。
例えば、料理系の動画を見ている人には料理系の動画が次々にレコ
メンドされていくように、「特定ジャンルの動画を見ているというこ
とは、この動画広告に興味があるのではないか?」という観点で広告
が表示されるイメージです。そのため、そもそもビジネス向けの投
稿が多くないTikTokでは、BtoB向けのターゲティングで有効になる
シグナルが少ないように感じます。

※1　ガイアックスの資料
2024年2月更新!性別・年齢別SNSユーザー数(X(Twitter)、Instagram、TikTokなど13媒体)
https://gaiax-socialmedialab.jp/socialmedia/435

4

S
N
S
・
デ
ィ
ス
プ
レ
イ
広
告

基本的には拡大フェーズでの取り組みを推奨

　一方で、TikTok広告にはリード獲得広告のフォーマットも登場しています。DIGIDAY日本版の記事[※2]によれば『TikTokのキャスティング支援ツール「Moribus」(モリバス)のプロモーションで実施したところ、CPAが70%も改善された』と紹介されています。

　この事例ではTikTokの支援ツールが商材となっているため、媒体との相性がよかったと考えられます。よって、一般のBtoB企業がTikTok広告に取り組む場合、TikTokマーケティングの支援ツールやコンサルティング系の商材であれば、成果が出る可能性が高いでしょう。ただ、そのような商材でなければ、基本的には他媒体よりも優先度を落とし、さらにリード数を増やしたい拡大フェーズでの実施をおすすめします。(二平)

ライバルが少ないから、TikTokと相性のよい商材の場合はチャレンジしてみるのもいいね！

> **ま**
> **と**
> **め**
>
> BtoBでの活用事例は多くありませんが、TikTok支援系の商材は相性がよい可能性があります。そうではない商材の場合は拡大フェーズでのチャレンジとしましょう。

※2　DIGIDAY日本版の記事
アップデートした「TikTok リード広告」で新たな価値提供へ：始めやすさを強みにBtoB商材への提案広げる
https://digiday.jp/sponsored/the-ability-of-the-new-tiktok-lead-ads-updated-to-meet-the-needs-of-japan/

Chapter

5

ケース
スタディ

商材・事業フェーズ別の勝ちパターン集

83

スタートアップ企業が
広告配信を開始したい

ここからは実際にあり得そうな架空のBtoB企業を想定し、具体的にどのようなマーケティング施策が考えられるかを紹介します。まずはSaaSで創業したスタートアップ企業を事例として取り上げます。

今回の事例

商 材	SaaS (1on1支援ツール)
従業員数	20～30人
事業フェーズ	創業期

1on1支援ツールの拡販を広告運用で実現

　1on1の精度や効率を上げるツールを提供しているA社が、ネット広告の運用に取り組もうとしています。サービスとしては市場に受け入れられており、既存顧客からの満足度も高い状態です。

　これまでは顧客からの紹介や自然流入からの問い合わせのみで、新規リードを獲得していました。資金調達が完了し、さらに商談数を増やすため、広告を活用した事業拡大を計画しているようです。

　A社はどのようなステップでマーケティング施策を進めていけばよいか、一緒に考えていきましょう。

STEP 1　顧客解像度を上げる

　まずはターゲットの顧客解像度を上げるところから着手します。顧客解像度を短期間で向上させるには、顧客へのN1インタビューや営業担当者へのインタビューを実施するのがおすすめです。

　PMF〈※1〉ができているサービスなので、すでに一定数の顧客がおり、営業担当者も数多くの商談をこなしているでしょう。顧客からは、例えば次のような課題が出てくると思います。

・具体的な1on1の実施方法が分からず、機能していない

・人によって実施方法がバラバラで、再現性がない

・1on1の記録が一元管理できておらず、すぐに参照できない

　実際、リクルートマネジメントソリューションズの調査〈※2〉によると、1on1ミーティングの課題として「上司の面談スキルの不足」が1位(47.2%)、「上司の負荷の高まり」が2位(44.6%)に挙がっています〔図表83-1〕。これらの課題に対して、A社としては「自社の1on1支援ツールではどう解決できるのか?」「他社の類似ツールとの違いは何か?」といった点を明らかにし、広告のクリエイティブやLPに落とし込んでいくことが重要になります。

リクルートマネジメントソリューションズの調査　〔図表**83-1**〕

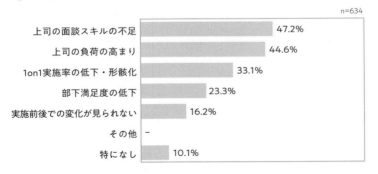

Q：現時点での1on1施策の課題は何ですか? (1on1施策導入済み企業／複数選択可)

n=634

項目	割合
上司の面談スキルの不足	47.2%
上司の負荷の高まり	44.6%
1on1実施率の低下・形骸化	33.1%
部下満足度の低下	23.3%
実施前後での変化が見られない	16.2%
その他	-
特になし	10.1%

※1　PMF
「Product Market Fit」の略。製品・サービスが市場に適合し、顧客から支持されている状態のこと。

※2　リクルートマネジメントソリューションズの調査
https://www.recruit-ms.co.jp/issue/inquiry_report/0000001055/

STEP 2　商材タイプを理解する

　広告のクリエイティブやLPが決まったら、次は検索数×ターゲット数の軸で商材タイプを分析してみましょう。

　まずは検索数ですが、カテゴリーキーワードである「1on1」と、CVRが高いと予想される「1on1 ツール」「1on1 システム」についてキーワードプランナーで調べます〔図表83-2〕。「1on1」の月間平均検索ボリュームは14,800件あり、BtoBのキーワードとしては多い部類だといえます。

　しかし、ここで注意すべきなのが「1on1」単体キーワードの検索意図です。実際にGoogleで「1on1」と検索すると、「1on1とは？」といった定義や実施方法に関するページが自然検索結果の上位に並んでいます。つまり、検索する人の多くは1on1そのものについて知りたいのであって、「1on1支援ツールを探す」という意図で検索しているのではない、という状況が浮かび上がってきます。

　しかし、「1on1」と検索する人の中には、何らかのツールを探している人も少数ながらいるはずです。今後、検索広告のコンバージョンが蓄積されて部分一致×自動入札での運用が軌道に乗れば、「1on1」単体キーワードへの出稿を進めても問題ないと筆者は考えます。実際「1on1」の検索結果には、他社の1on1支援ツールの広告も表示されています。

　一方、「1on1 ツール」で検索すると、自然検索結果には1on1支援ツールの比較記事や競合のサイトがヒットします。まさにツールを探している検索意図だと理解できるでしょう。

　今度はターゲット数ですが、1on1支援ツールは、1on1を実施している企業であれば業界を問わず対象となるホリゾンタルな商材です。

1on1関連キーワードの検索数　〔図表**83-2**〕

☐　キーワード（関連性の高い順）	月間平均検索ボリューム	ページ上部に掲載された広告の入札（低額）	ページ上部に掲載された広告の入札（高額）
指定されたキーワード			
☐　1on1	14,800	¥142	¥923
☐　1on1 ツール	480	¥491	¥4,044
☐　1on1 システム	50	¥531	¥3,302

また、エンタープライズ・SMBといった企業規模も問わないため、ターゲット数が多いと想像できます (P.36)。

Chapter 2で解説した検索数×ターゲット数の図に当てはめると右上の象限①にマッチするので、検索広告やSEOに力を入れていくのが基本方針となるでしょう〔図表83-3〕。しかし、先ほど「1on1」の検索意図を見たように、すぐにツールの導入に結びつくとは考えにくいともいえます。

一方で課題を抱えている人々も多いジャンルなので、「失敗しない1on1の進め方」といったホワイトペーパーやセミナーを開催し、Meta広告を中心にリードを獲得する施策もマッチしそうです。そうなると、右下の象限②にも該当すると考えてよいでしょう。

1on1支援ツールの検索数×ターゲット数　〔図表83-3〕

STEP 3　CVポイントを設定する

A社の事例は、これから広告運用を始める初期段階に当たります。問い合わせのCVポイントはすでに設定していたと仮定し、そこから少しハードルを下げたものから追加していきましょう。1on1支援ツールは、そもそもどのようなツールなのかが気になる人も多いと予

想できるため、無料トライアルのCVポイントを追加します。

　あわせてサービス資料や価格表など、サービスにまつわるCVポイントを追加することを推奨します。これらのCVポイントで、まずは検索広告から運用を開始しましょう。

　1on1支援ツールに対するニーズは顕在化していないものの、面談やコミュニケーションに何らかの課題を抱えている人に対しては、Meta広告でアプローチしていきます。その場合はCVポイントのハードルを下げておいたほうがよいため、ホワイトペーパーやセミナーのCVポイントを準備してから配信していきましょう。

STEP 4　検索広告の配信を開始する

　検索広告の運用開始時は、「1on1」単体キーワードに注意が必要です。すでに述べた検索意図に加え、機械学習がうまく働いていない初期段階では、コストを使いすぎてしまう恐れがあります。

　よって「1on1ツール」「1on1システム」といった比較検討系のキーワードを中心に、フレーズ一致や完全一致などのマッチタイプで手堅く配信していくのがよいでしょう。

　比較検討系のキーワードである程度のコンバージョンを獲得できてきたら、自動入札に移行します。この時点で「1on1」単体キーワードや「1on1ツール」の部分一致などに広げていくことを検討しましょう。「1on1」については、定義や実施方法を知りたい人々に広告がクリックされることを防ぐため、広告文に「【法人向け】1on1ツール」といった見出しを付けるのも効果的です。

　さらに最低限、リターゲティング配信ができる媒体は押さえておきたいところです。広告運用を開始することで、A社のサイトへのアクセス数が増えていきますが、アクセスしたもののサービス資料などをダウンロードし忘れる人も一定数いるはずです。

　そのような人々に再訪問を促すため、リターゲティング配信が可能で、かつユーザー数が多い媒体での配信を進めておきます。具体的には、GDNやYDA、Googleのデマンドジェネレーションキャンペーン、Meta広告などが挙げられます。

STEP 5 　SNS広告・ディスプレイ広告の配信を開始する

　検索広告の次は、CVポイントを準備したうえで、MetaなどのSNS広告やディスプレイ広告を活用した新規リードの開拓を進めていきます。特に1on1支援ツールは、ノウハウとセットにするとより販売しやすくなるツールだと筆者は考えています。

　前述の通り、1on1のスキル向上のためのホワイトペーパーやセミナーは反応率が高いことが期待できます。よって、それらでは具体的なスキルを伝えつつ、いざ実践するときにはツールが便利であることをアピールしていきましょう。

　ただし、ノウハウを伝えながらツールを紹介するコミュニケーションは、Webだけで完結させるのが難しいため、セミナーがより重要になります。セミナーの集客にはMeta広告が適しているため、中長期的にリード数と受注数を増やすためには必須です。

　Meta広告経由のセミナーでの受注パターンが確立すれば、X広告やLinkedIn広告など、その他の媒体も展開していきます。全体のポートフォリオは下図のようになります〔図表**83-4**〕。（二平）

1on1支援ツールのポートフォリオ　〔図表**83-4**〕

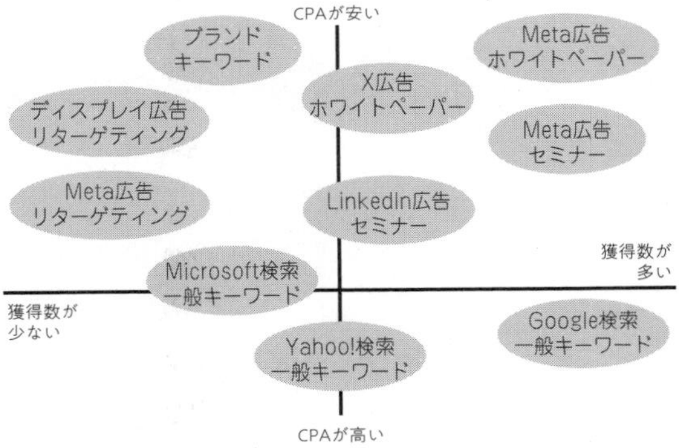

まとめ

検索広告から開始し、SNS広告・ディスプレイ広告へと広げていく鉄板の流れを、1on1支援ツールの特性を踏まえながら具体化していくと、このようになります。

テストマーケティングで
新規事業を検証したい

アカウント管理ツールの販売を事業として始めた企業が、テストマーケティングを実施する事例を見ていきましょう。広告運用を通じて、予算の策定や成長性の判断に役立つデータを入手することを目指します。

今回の事例

商 材	SaaS（アカウント管理ツール）
従業員数	数人程度
事業フェーズ	創業期

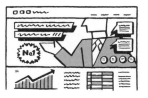

まだPMFしていないアカウント管理ツールのニーズを把握

　SFA/CRMやMAのツールだけでなく、現在ではビジネスチャットやプロジェクト管理など、数多くのSaaSが登場しています。今回の事例に取り上げるB社は、そのようなSaaSのアカウント管理ツールの販売を新規事業として開始したスタートアップです。

　このツールでは入退職時のアカウント発行・停止、パスワード管理などの業務を効率化できますが、まだPMFはしていない段階です。B社が広告を活用してテストユーザーを募集するところから、テストマーケティングに取り組む流れを見ていきます。

　まずはカテゴリーキーワードの検索数を調査します。「SaaSアカウント管理」の月間検索数は30件と少ないですが、ここ数年で右肩上がりになっており、伸びている状況ではあります〔図表**84-1**〕。

　次にターゲット数ですが、SaaSを複数導入しており、社員数が数十人以上であればターゲットに該当するため、かなり多いと予想できます。前節にも掲載した検索数とターゲット数の図に当てはめると右下の象限②となるため、最初に着手すべき媒体はMeta広告、ということになります。

　そもそも、スタートアップが提供する新しい製品・サービスともなれば、市場が未成熟であるのは当然で、検索数が一定数あることのほうが少ないでしょう。一方、Meta広告は検索広告よりも運用が簡単でターゲティング精度も高いため、初心者でも結果を出しやすい媒体です。これらの点からも、テストマーケティングを目的とした広告媒体としてMetaはうってつけだといえます。

　ちなみに、人事・労務管理ツールとして人気がある「SmartHR」も、リリース当初はMeta広告を活用してテストマーケティングを実施したとのこと。数万円程度の広告費で200名ほどを集客して事業の可能性を見いだし、現在の規模まで大きくしたそうです。

SaaSアカウント管理の検索数〔図表**84-1**〕

STEP 2　CVポイントを設定する

　今回の施策ではテストユーザーを募集するため、CVポイントとしては無料トライアルに近いものになります。広告から誘導したLP内のフォームでは、名前、メールアドレス、電話番号の入力欄を用意して「興味があれば一次登録してください」と促すような、あまりハードルが高くないCVポイントを設定するのがよいでしょう。

　簡単なサービス資料を用意して、資料請求をCVポイントとする方法もありますが、資料を作成する工数がかかります。テストマーケティングにおいては、あまり手間をかけずに商談化率を高められるCVポイントから取り組むことをおすすめします。

STEP 3　LPとクリエイティブを準備する

　Meta広告の運用を開始するため、広告の遷移先となるLPと、広告のクリエイティブを制作します。これらもリーンスタートアップ(※1)のような考え方で、シンプルに強みが伝わる内容で市場の反応をうかがってみましょう。

　LPについては、サービス立ち上げ当初で事例もない状態なので、以下のような内容を記載します。リソースの問題でLPを作る余裕がない場合は、Chapter 4で触れたリード獲得広告を実施しましょう(P.210)。LPなしで、すぐに広告を開始できます。

・誰のどのような課題を、どのように解決できるのか？

・どれくらいの数値的なメリットがあるのか？

・ほかのサービスや代替手段との違いは何か？

　広告のクリエイティブについても、テストマーケティングの段階では凝って作り込まないほうがよいでしょう。文字を活用したクリエイティブであれば、簡単に作れてPDCAを回しやすいのでおすすめです。50点くらいの完成度を目指して、まずは市場に投下して反応を見るというスピード感で進めていきます。

※1　リーンスタートアップ
リソースやコストをかけず、最低限の機能を備えた製品を
短期間で開発・提供し、顧客の反応をうかがいながら改善
していくビジネス手法のこと。

STEP 4　広告運用を開始する

　運用開始時の広告費の目安としては、10〜30万円ほどを見ておいてください。先ほど述べたSmartHRの事例からは5年以上が経過しており、市場感は変わってきているため、数万円で同様の成果が出るかどうかは難しいところです。

　また、筆者が支援したケースでは、すでに市場のニーズを捉えているサービスであれば数万円程度でうまくいくことが多いものの、逆に捉えられていないサービスであれば、30万円程度を使っても1つも反応がなかったこともありました。そのため、目安として最大30万円を見込み、まったく反応がなければサービス自体のコンセプトを見直すのが妥当な判断となると思います。

　広告運用の開始後に反応があるなら、商談まで進めて正式受注を目指しましょう。とはいえ、BtoBでは商談・受注までのリードタイムが長いため、本来の目的であるテストマーケティングに立ち返ると「平均してどれくらいのCPAでリードを獲得できるのか？」の検証を継続していくのがよいと考えます。

　理想的には受注単価まで把握したいところですが、ひとまずリード獲得単価の目安が分かれば、テストマーケティングの目的は達成といえるでしょう。以降のマーケティング予算の策定や、事業の成長性の見極めがやりやすくなるはずです。（二平）

5

ケーススタディ

> **まとめ**
> 商材タイプにもよりますが、テストマーケティングにはMeta広告が最適です。LPやクリエイティブは最小のリソースで準備し、リード獲得単価の把握を目指しましょう。

85

Case Study

動画制作支援サービスを
広告で急成長させたい

緊急性が高く検討頻度も高いBtoB商材として代表的な、動画制作支援サービスの事例です。検索広告との相性が特によい商材ですが、どのようなキーワードとCVポイントが適しているかを具体的に挙げていきます。

今回の事例

商 材	動画制作支援
従業員数	50人程度
事業フェーズ	成長期

STEP1　商材タイプを理解する

今回は動画制作支援サービスを提供しているC社が、広告を活用した受注増を目指す事例について解説します。

まずは商材タイプを理解するため、カテゴリーキーワードの検索数とターゲット数を見てみましょう。「動画制作」は月間6,600件あり、まずまずの検索数です〔図表85-1〕。ほかにも「動画制作会社」「映像制作会社」など、CVRが高くなりそうなキーワードである程度の検索数があります。また、中小企業から大企業まで幅広く当てはまる商材のため、ターゲット数は多いでしょう。

4象限では右上の象限①に当てはまるため、検索広告を中心とした施策で攻めていきます。さらに、動画制作支援のような販促系のサービスは、四半期ごとに予算が決まることが多いため検討頻度が高く、ニーズが顕在化していて緊急性も高くなります。検索広告との相性は非常によいといえるでしょう。

動画制作関連キーワードの検索数〔図表85-1〕

キーワード（関連性の高い順）	月間平均検索ボリューム	
動画 制作	6,600	
キーワード候補		
動画 制作 会社	1,900	
映像 制作 会社	4,400	
動画 作成	5,400	
映像 制作	3,600	
採用 動画 制作	260	
youtube 動画 制作	480	
動画 編集 会社	590	

STEP 2　CVポイントを設定する

　動画制作支援サービスの特性を踏まえると、CVポイントはホワイトペーパーやセミナーよりも、問い合わせや見積もりのほうがマッチします。なぜなら、顧客はなるべく早く要件を伝えて見積もりを取得したり、制作期間や納期を確認したりしたいからです。

　問い合わせや見積もりといった検討段階が深いCVポイントは、もともと検索広告に適しています。あとは、それらの獲得を促進するようなLPを用意すれば準備が整います。

　なお、Meta広告でも一定数なら、問い合わせや見積もりをCVポイントとした獲得が狙えますが、検索広告よりは費用対効果が低くなるケースが多いでしょう。後述するリターゲティング以外では、基本的にホワイトペーパーやセミナーで、今後の受注が見込めそうなリード獲得に振り切ることをおすすめします。

STEP 3　広告の配信を開始する

　検索広告のキーワードとしては、本節冒頭で述べた「動画制作会社」「映像制作会社」が企業を探す検索意図であるため、CVRが高いと予想されます。これらはほぼ同じ意味なので、同一のキーワード群として1つの広告グループで運用するのがよいでしょう。

　キーワードプランナーで調査すると、ほかにも「YouTube動画制作」「採用動画」「PR動画」「CM動画」「タクシー広告動画」など、さまざまなものが存在します。こうした用途別のキーワード群は、先ほどとは別の広告グループに登録することで、キーワード群ごとに費用対効果を分けて追えるようにできます。

　緊急性の高い商材のため、SNS広告やディスプレイ広告の効果は限定的です。検索広告でコンバージョンしなかった人に向け、リターゲティングを実施していく運用が基本となるでしょう。全体のポートフォリオをまとめると下図のようになります〔図表85-2〕。（二平）

動画制作支援サービスのポートフォリオ〔図表**85-2**〕

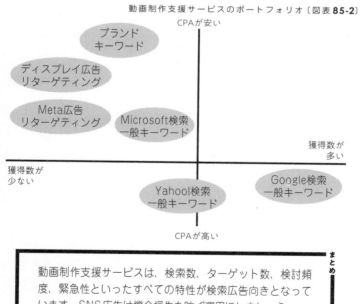

> **まとめ**
> 動画制作支援サービスは、検索数、ターゲット数、検討頻度、緊急性といったすべての特性が検索広告向きとなっています。SNS広告は機会損失を防ぐ運用にしましょう。

86

Case Study

BtoB専門ECサイトの売上を軌道に乗せたい

企業向けに多彩な商品を扱うECサイトが、広告を活用して売上を伸ばす事例を見ていきましょう。購入をCVポイントとして、Googleの検索結果に表示する「ショッピング広告」を軸に展開していきます。

今回の事例

商材	BtoB通販
従業員数	50人程度
事業フェーズ	成長期

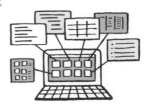

STEP 1 商材タイプを理解する

　今回のD社は、やや希少なBtoB専門のECサイトの事例です。製造業向けに、さまざまな部品やセンサーを商品として取り扱っているサイトを思い浮かべてください。こうしたBtoB通販では、ショッピング広告や動的検索広告(※1)が主戦場になります。

　ショッピング広告とは、Googleの検索結果ページの右側などに表示される広告を指し、クリックするとECサイトの商品詳細ページに遷移する仕組みになっています〔図表86-1〕。ニッチなジャンルでは、商品名ではなく型番で検索されるケースもあります。

※1　動的検索広告
キーワードではなくWebページを登録し、そこに含まれるコンテンツに基づいて配信される検索広告のこと。「DSA」(Dynamic Search Ads) とも略される。

また、ショッピング広告は購入したい商品を探している人に対して表示されるため、一般的にCVRが高く、通常の検索広告よりもCPCが低くなることが多くなります。ECサイトを運営しているほとんどの企業にとって、外すことのできない配信手法です。

　具体的な配信方法としては、商品名や価格などを一覧化したデータである「フィード」を作成し、広告媒体の管理画面でキャンペーンに紐付けます。キーワードの登録は不要で、基本的には自動入札となるため、フィードの準備さえできれば運用の手間は少ないといえます。ただし、商品数が膨大だとフィードの作成や在庫の管理が煩雑になりがち、という悩みが生まれるかもしれません。

　今回の事例のようなBtoB通販では「突発的に部品が切れた」「壊れたからすぐに補充したい」といった緊急性の高い状況に対応する必要があります。さらに、取り扱う商品が多様になるため、ロングテールのキーワードが多いビジネスになります。ショッピング広告や動的検索広告といった、商品のフィードや商品詳細ページを登録するだけで自動的に配信できる検索広告の手法が、特に活躍するタイプの商材であるといえるでしょう。

ショッピング広告の例〔図表86-1〕

STEP 2　CVポイントを設定し、広告配信を開始する

　ECサイトのCVポイントは購入がメインですが、サブとして会員登録などを設定することもあります。ショッピング広告や動的検索広告を配信しつつ、一般キーワードを登録した通常の検索広告でヌケ

モレを補うのが基本方針となるでしょう。

　一方、BtoB通販におけるSNS広告やディスプレイ広告は、ダイナミック広告(※2)を主に活用します。これはユーザーのサイト閲覧状況などにあわせて、最適なクリエイティブを自動的に生成・掲載できる配信手法となります。ECサイトや不動産サイトを閲覧したあと、自分が探していた商品や物件の広告が表示された経験があると思いますが、それがダイナミック広告です。

　ダイナミック広告はリターゲティングを目的としており、ユーザーの閲覧履歴に基づいているためCVRは高めです。Google、Yahoo!、Meta、LINEなどの広告媒体で配信でき、機会損失を抑えるため、なるべくすべての媒体で出稿することをおすすめします。

　さらに、検索履歴に基づいて広告を表示するサーチターゲティングにチャレンジしてみてもよいでしょう。全体のポートフォリオをまとめると下図のようになります〔図表**86-2**〕。(二平)

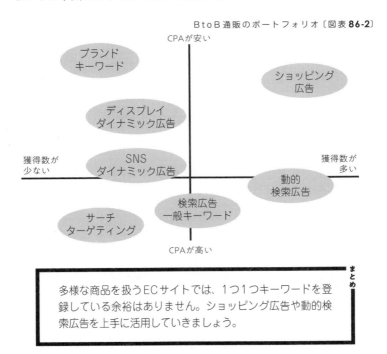

BtoB通販のポートフォリオ〔図表**86-2**〕

CPAが安い

ブランド
キーワード

ショッピング
広告

ディスプレイ
ダイナミック広告

獲得数が
少ない

SNS
ダイナミック広告

獲得数が
多い

動的
検索広告

検索広告
一般キーワード

サーチ
ターゲティング

CPAが高い

> **まとめ**
> 多様な商品を扱うECサイトでは、1つ1つキーワードを登録している余裕はありません。ショッピング広告や動的検索広告を上手に活用していきましょう。

※2　ダイナミック広告とは？しくみや特徴、成果を出す3つのポイント
https://anagrams.jp/blog/basic-knowledge-of-dynamic-ads/

5

ケーススタディ

87

Case Study

人事コンサルで質の高いリードを獲得したい

> すでに一定の成功を収めている組織コンサルティング企業が、BtoBマーケティングでさらに売上を伸ばしていく事例について考えます。リードの質を重視しながら、記事LPや新規媒体にも挑戦していきましょう。

今回の事例

商 材	組織コンサルティング
従業員数	80人程度
事業フェーズ	安定・拡大期

代理店にも依頼しながら売上の拡大を目指す

人事評価制度を得意分野とする組織コンサルティング企業のE社が、ネット広告を活用したリード獲得を拡大していく事例です。プロダクトのPMFは済んでいて市場での評価も高く、社内ではさらに売上を伸ばしていこうという気運が高まっています。

すでにインハウスで検索広告やMeta広告の運用を実施しているのですが、ビジネスの拡大に伴い、社内では手が回らなくなってきています。そこで、外部の広告代理店に一部運用を委託し、リードの数だけでなく、質も改善していきたいと考えています。

STEP 1 商材タイプを理解する

　最初にカテゴリーキーワード検索数とターゲット数から見ていきましょう。「評価制度」は月間1,600件と多くはないですが、月間6,600件の「人事評価」、月間2,900件の「人事評価制度」などもあわせると十分な検索数があるといえます〔図表87-1〕。また、人事評価制度はあらゆる企業でニーズがあるため、業界や規模に縛られない、非常にターゲット数が多い商材になります。

　4象限では右側の象限①②が該当し、検索広告を実施しつつ、Meta広告も活用しながら数を増やしていくのがセオリーです。

人事評価制度の検索数〔図表 **87-1**〕

キーワード（関連性の高い順）	月間平均検索ボリューム
評価 制度	1,600
キーワード候補	
人事 評価	6,600
人事 評価 制度	2,900
人事 考課	9,900
人事 評価 制度 作り方	320
評価 制度 作り方	390
人事 評価 サービス	50

STEP 2 CVポイントを設定する

　E社ではすでにMeta広告に取り組んでいるので、問い合わせ以外にもホワイトペーパーやセミナーといったCVポイントがある状況です。しかし、リードの数を増やしていきたいフェーズでは、さらにCVポイントのバリエーションを増やしてもよいでしょう。

　例えばセミナーであれば、集客目的に振り切ったセミナーに加え、商談目的のセミナーを別途開催する、といった具合です。特にコンサルティングは、セミナーで集客しながらサービスのよさを伝えていくことが商談や受注につながりやすいビジネスです。セミナーのバリエーションを増やすことは理にかなっています。

STEP 3　リード数最大化に注力して広告を運用する

　最終的にはリードの質、つまり商談最適化を目指しますが、まず
は数を改善するリード数最適化に取り組んでいきます。ここで考え
たいポイントが、既存媒体の深堀りと新規媒体の開拓です。

　既存媒体の深堀りから考えてみましょう。インハウスでの広告運
用は別の業務と並行して行うことになるため、どうしても徹底的な
運用ができていないケースが多くなります。例えば、検索広告では
次のような不備が起こりがちです。

・キーワードにヌケモレがある

・広告文が適切ではない

・入札単価の調整や自動入札の活用に不安がある

・記事LPを作成・活用できていない

　中でも、記事LPを活用した検索広告は取り組んでいる企業が少な
いため、有効な施策になりやすいといえます。「失敗しない評価制度
の作り方とは？」といった記事LPを作成し、評価制度でよくある失
敗談をきっかけに自社商材を紹介することで、資料請求の通常LPに
誘導するような流れを検討してみるとよいでしょう。

　一方、Meta広告では以下のような不備が想定できます。Meta広
告はクリエイティブが成果を決めるといっても過言ではないため、
代理店にも依頼してパターンの展開を増やしていきます。

・カルーセルなどのクリエイティブのパターンが少ない

・リード獲得広告のクリエイティブやイントロに情報量が少ない

・クリエイティブのメッセージが適切ではない

・CVポイントが適切ではない

　次に考えたいのが新規媒体の開拓です。ディスプレイ広告やデマ
ンドジェネレーションキャンペーンは、リターゲティングをはじめと
した獲得に近いターゲティングから実施していきましょう。

今回の事例では経営者や人事・経営企画の担当者が対象となるため、X広告もうまくターゲティングができれば獲得が狙えます。また、LinkedIn広告はBtoBターゲティングが豊富なので、ホワイトペーパーやセミナーのCVポイントであれば、Meta広告のクリエイティブをそのまま流用しても十分に獲得が可能でしょう。

STEP 4　質を重視して広告を運用する

既存媒体の深堀りと新規媒体の開拓を行うことで、リードの数は自ずと増加します。続いてリードの質を意識していきましょう。SFA/CRMツールと広告媒体を連携させ、媒体ごとの商談化率や受注率を可視化していきます。

その後、広告媒体やCVポイント、キャンペーンごとに、商談化率や受注率に基づいて予算を適切に割り振りましょう。例えば、CPAは安価なものの、商談化率と受注率が低いため受注単価が悪化している媒体と、逆にCPAは高いが受注単価が抑えられている媒体があったとすると、後者に予算を多めに配分するだけで、全体の成果にインパクトを与えることが可能です。

いきなりリードの質を改善しようとしても、少ない母数で商談化率や受注率を見ていると、数値のブレに翻弄されることが多くなります。まずは数を増やし、十分な母数を確保できたところから商談化率や受注率に目を向けたほうが、より精度高く改善に取り組むことができるはずです。(二平)

5

ケーススタディ

> **まとめ**
> 代理店も活用した拡大期に入るフェーズでは、まずは既存・新規媒体の見直しによる数の改善に着手しましょう。その後に質を改善することで精度が上がります。

88

Case Study

大企業を対象に ABMに注力したい

最後の事例は、中小企業向けで業界大手まで成長した
ビジネスが、大企業向けにも展開しようとするパター
ンです。広告媒体のBtoBターゲティングを活用しな
がら、業界や企業を絞って商談・受注増を狙います。

今回の事例

商　材	SaaS（バックオフィス）	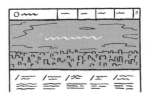
従業員数	100人程度	
事業フェーズ	安定・拡大期	

SMBからエンタープライズへメインターゲットをシフト

ホリゾンタル系のSaaSを提供する企業で、事業フェーズの初期に
おいてはSMBを中心に獲得してきたものの、今後はエンタープライ
ズを狙って拡大していこうとする動きが近年増えています。そのた
めの施策としては、広告を活用したアカウントベースドマーケティ
ング（ABM）が有力だと考えられます。

今回の事例のF社はバックオフィスSaaSの業界でも最大手で、ひ
と通りの広告運用は実施済みです。今後はABMに力を入れ、まだIT
化が進んでいない大企業での受注を狙っているとしましょう。

ABMを推進するにあたり、まずはターゲットとなる業界や企業を決めていきます。業界・業種、売上高、従業員数、具体的な企業名など、さまざまな切り口がありますが、自社がターゲットとして狙いたい条件をリストアップしてみましょう。

F社の場合、商材がバックオフィスSaaSであることを考えると、請求書などのバックオフィス業務のIT化がまだ進んでいない業界、例えば建設業界が候補に挙がるでしょう。さらに、建設業界には「2024年問題」があり、2024年4月から罰則付きの時間外労働規制が適用されます。こうした社会情勢を踏まえ、建設業界をターゲットにすると仮定しましょう。

STEP 2　ターゲット条件に合致する広告媒体を選定する

ターゲットを決定したら、その条件に合致するターゲティングが可能な広告媒体をリストアップします。今回の条件は建設業界なので、それに対応できる媒体を挙げると次のようになります。

Ｍｅｔａ広告

「建設」と検索すると、以下の画面のようにターゲティングできます〔図表88-1〕。業界・業種、従業員数のほか、特定企業に所属する人に向けたターゲティングも可能です。

Meta広告のターゲティング画面〔図表**88-1**〕

Meta広告では特定の業界・業種での
ターゲティングが可能

LinkedIn広告

業種から「建築」と検索すると、関連業種が表示されます〔図表88-2〕。特定の企業に所属している人や、役職・職種でのターゲティングにも対応しています。

LinkedIn広告のターゲティング画面〔図表 88-2〕

AND さらに、次の **いずれか** の条件を満たすユーザー:	閉じる

🏠 ›会社 ›**業種** 🔍 建築 ❌

☐ 建築・地域計画

☐ 建築材料卸売業

☐ バリアフリー建築・設計

☐ 建築材料・園芸用品小売業

☐ 建設用・建築用金属製品製造業

> LinkedIn広告でも業種を絞ったターゲティングができる

デマンドジェネレーションキャンペーン

業界でのターゲティングが可能で、「建設業」という選択肢が用意されています。YouTube広告も同様です。

LINEヤフー独自のBtoBターゲティング

業種や従業員数でのターゲティングが可能なため、「従業員数が100人以上の建設業の人向けにターゲティング」といった設定ができます。

BtoBターゲティングが可能な媒体を見てきましたが、中でもMeta広告は運用難易度が低く、成果も出やすくなります。最初はMeta広告に取り組み、そこで活用したクリエイティブをそのまま流用してLinkedIn広告を開始、続いてデマンドジェネレーションキャンペーンやYDAへと展開していく流れが王道です。

STEP 3 　CVポイントを設定する

　特定の業界や企業を狙うターゲティングは、主に属性情報を条件としており、行動情報を加味していないことが多くなります。検討段階が不明な人々に向けた配信となるため、いきなり問い合わせや資料請求を狙うよりも、ホワイトペーパーやセミナーをCVポイントにしてリード獲得に振り切ったほうがよいでしょう。

　狙いたい業界や企業のリードが手に入り次第、セールスと連携して商談まで進めていくことをおすすめします。

STEP 4 　商談化率や受注率を可視化する

　BtoBターゲティングの広告配信を開始したら、SFA/CRMツールと媒体を連携させ、商談化率や受注率を可視化しましょう。

　ある案件では、特定の業界向けにBtoBターゲティングを実施したところ、ほかのターゲティングよりもCPAが上がってしまったことがありました。しかし、商談化率や受注率はよくなり、最終的な受注単価もBtoBターゲティングのほうが安価になりました。

　今回の事例に当てはめると、建設業界をターゲティングの条件にしない場合、さまざまな業界の人からのコンバージョンがあり、リード獲得のCPAは安くなるでしょう。しかし、商談に進まず歩留まり率が高くなり、結局は受注単価が上がってしまいます。

　一方、建設業界を条件にするとターゲット母数が減ってCPMが高くなり、連動してリード獲得のCPAも高くなりがちですが、商談化率が高くなるため以降の数値もよくなります。BtoBでは何事においても、受注単価まで追わないと正しい判断が難しいといえるでしょう。(二平)

> **まとめ**
> 特定の業界や企業を狙う場合は、広告媒体のBtoBターゲティングを活用しましょう。リード獲得CPAの上昇に惑わされず、受注単価まで見て判断することが重要です。

5

ケーススタディ

あ と が き

　BtoBのネット広告には、BtoCとはまた異なる「型」があると思っています。しかし、マーケティング支援会社の立場で見ている限り、その型を知らないがために、非効率な予算投資を行っているケースはまだまだ多いように感じます。

　また、いち生活者の立場でも、メッセージに顧客目線がない、デザインの原則が特段の意図もなく無視されている……といったクリエイティブを目にすることがしばしばあります。本書ではそのような事例が少しでもなくなればと思い、クリエイティブが原因で「お金や時間をムダにしない」ための知識を中心に言語化しました。

　「クリエイティブ」は辞書としては「創造」を意味するので、どこか壁を感じてしまうマーケターもいるかもしれません。その語感ゆえ「デザインセンスを駆使して取り組むもの」という認識が生まれてしまうのは無理もないことでしょう。しかし、本書で解説したアプローチは論理的に整理できるものが多く、日々のマーケティング活動から逸脱したものでもありません。クリエイティブはむしろ身近な存在だと感じてもらえたのではないでしょうか。

　本書は運用型広告の界隈で、もはやお馴染みとなった「"打ち手"大全」シリーズの第6弾として出版されます。私自身、本シリーズはすべて所有していますし、業界の偉大な先輩方に続いて執筆の機会をいただけたのは、とても光栄なことでした。

　最後に、本書の共著者であり、執筆の機会をくださった二平燎平さん。大部分を任せっきりにしてしまってすみません。企画から編集までお世話になったインプレスの水野純花さん、小渕隆和さん。執筆も制作もペースがのんびりでヒヤヒヤさせてしまったかと思います。そして、僕の身勝手な進路を否定せず応援してくれた両親へ。あのときデザイナーを目指すことを認めてくれたからこそ、得意なことで誰かの役に立てる仕事に出会うことができました。この場を借りて、改めて感謝を伝えさせてください。

2024年2月　仙波 勇太

に へい　りょうへい　アナグラム株式会社
二平 燎平　運用型広告事業部 マネージャー

BtoBを中心に、数十社以上の広告運用やコンサルティングを手がけるプレイングマネージャー。前職において中小企業向けERPのセールスやCS、マーケティングなど「The Model」の全工程に従事した経験を持ち、それに運用型広告の知見を組み合わせた、売上を伸ばすためのBtoBマーケティングのコンサルティングに定評がある。

せん ば　ゆう た　アナグラム株式会社
仙波 勇太　クリエイティブチーム チームリーダー

ECサイト専門のコンサルティング会社でのデザイナー経験を経て、アナグラム株式会社に参画。デザインと広告運用の両分野に精通しているため、BtoB、BtoCを問わず、幅広い業種のクライアントに対して効果的なビジネス成果向上の支援が可能。ダイレクトレスポンス施策を中心に、多様な案件を成功に導く。

カバーデザイン	吉岡秀典＋及川まどか（セプテンバーカウボーイ）
本文フォーマットデザイン	吉岡秀典＋及川まどか（セプテンバーカウボーイ）
本文イラスト	大森 純（fancomi）
DTP制作・校正	株式会社トップスタジオ
デザイン制作室	今津幸弘 <imazu@impress.co.jp>
	鈴木 薫 <suzu-kao@impress.co.jp>
編集	水野純花 <mizuno-a@impress.co.jp>
編集長	小渕隆和 <obuchi@impress.co.jp>

DEKIRU
06
MARKETING **Bible**

BtoBマーケティング "打ち手"

広告運用で受注を勝ち取る　最強の戦略88
（できる Marketing Bible）

2024年3月21日　初版発行

著　者　**二平燎平・仙波勇太**

発行人　**高橋隆志**

発行所　**株式会社インプレス**

〒101-0051
東京都千代田区神田神保町1丁目105番地
ホームページ　https://book.impress.co.jp

印刷所　**株式会社暁印刷**

Printed in Japan ／ Copyright © 2024
Anagrams Co., Ltd. All rights reserved.

ISBN978-4-295-01877-3 C0034